牧羊人讀書筆記

朱敬一

目次

二十一世紀經濟學

政治與圈套

中國症候群

全球化與WTO

（推薦序）

獨於空曲交會之際

王汎森

朱敬一院士的先人龔自珍（一七九二——一八四一）曾以「讀萬卷書，行萬里路」贈魏源，我認為這也可以用在朱院士身上。

朱敬一院士持節WTO三年（二〇一六——二〇一九），在日內瓦的湖光山色中，一方面為國家的權益盡心盡力，一方面潛心讀書，沉浸於知識累積的喜悅。朱院士在本書的〈序〉中開列了一張書單，是他在日內瓦WTO三年所讀的約兩百本書，其品類之廣，真是令人詫嘆。老實說，除了其中兩、三本外，我竟然連書皮都沒見過。承他不棄，希望我在文集出版之時寫一篇序，我固辭不獲，只好浮光掠影地寫下幾點印象。

首先，朱院士讀書絕不「死於句下」，也不全像朱熹在他的讀書法中一再鼓吹的，敞開自己，在三步一崗，五步一哨的細讀、熟讀中迴見古代聖人之心曲，而是一種批判性或創造性地閱讀。

在他的讀書筆記中，我最常見到幾個特色：第一，他對書中的要旨與脈絡把握得相當精確，「如禹之治水，知天下之絡脈」（黃庭堅）。第二，能以近取譬，迅速地把日常生活世界與學理串連起來，使得理論不再只是抽象的論述。第三，他擅長於清儒汪中所說的，「獨於空曲交會之際，以求其不可知之事。」第四，他往往能批判或進一步延伸讀書的內容，善於說出作者還來不及說出的下一句話。

當然，這本文集中還有若干批評時潮或時政的文字。譬如他對二〇一九年度諾貝爾經濟學獎得主的犀利批評（學術研究倫理、學術價值、現實應用價值），對台灣稅制的尖銳針砭，對當代世界長期貧富不均的憤怒（Piketty《世界不平等報告》）等等，都反映他關懷時代的用心。

這是一本益人神智的書，我在這裡隨舉幾個例子。朱院士善於做細緻的區辨，如談「功夫」與「格鬥」之不同，功夫大師如想靠格鬥獲勝而取得某種正當性，是誤解了「功夫」的意思。又如區分「學界大咖」與「大學者」；區分「遴選」與「普選」，前者是「拔尖」，後者是「中位數」——拔尖是追求極值，中位數則呈現平庸，所以普選不適合選出追求卓越的大學校長。

他也擅長從時間變化中去掌握問題。他在討論美國、中國、台灣的三角關係時，提醒我們現代國際政治與「地緣」之間幾乎沒有必然的關係。如果台灣仍然迷迷糊糊地握緊二十幾年前的地緣政治概念，是昧於情勢的。當年美中台「大三角」的關係變了，由三角抗衡變成是美中「摔角」，台灣必須從 leveraging 的賽局中轉變到參與 pivoting 的賽局。

當然，朱院士是賦稅專家，長年為了租稅的問題與各方論戰，這本讀書筆記中對於如何實踐賦稅公平的方面談得特別多，這一部分超過我的專業，尚請讀者參看，體會朱院士經世濟民的心境。

我特別同意朱院士「應不住相讀書」的信念。他在書中反覆問：「你說，這些書有用嗎？」、「你說，讀閒書了解雜亂知識有沒有用」，他反覆強調讀書涵養正是應變的基礎，又說「外交官不住相讀書，其功能不可思量」，這充分發揮「菩薩不住相布施，其福德不可思量」的道理，也是莊子「無用之用，是為大用」的意思。謹向讀者推薦。

二〇二〇年一月於南港

（本文作者為中央研究院院士）

（推薦序）

好牧人必不致拋棄他的羊

——序《牧羊人讀書筆記》

童子賢

恭喜朱敬一老師要出新書了！一位朋友戲稱朱老師「又來逼大家讀書」，也戲稱：一之已甚其可再乎！（兩年出書一次）朱敬一的讀書筆記總是份量十足營養豐富，二年讀書何止百本。朱老師讀書之餘神馳宇宙，胸有感慨，夜不能寐，遂執筆萃取書中精華再佐以腦中視野胸中懷抱而下筆，如長江黃河滾滾而成《牧羊人讀書筆記》。他說他是「牧羊人」，因為這三年他是台灣派駐日內瓦WTO（世界貿易組織）大使，在風景優美的日內瓦萊蒙湖畔各國經貿使節環繞下，正是台灣少有的正規國際舞台，而朱老師三年來一直在為台灣這個經貿外交舞台做一場沒有硝煙的戰鬥。而如書中自述，他不拘一格的淵博知識與廣泛讀書經驗，看似遍地開花雲淡風輕，但功不唐捐的，他讀大書拓視野培養了胸中甲兵，有大功於江流石不轉的戰略部署，也有助益於他撒豆成兵的戰術運用。

朱敬一新書名為《牧羊人讀書筆記》，自有他類比蘇武牧羊十九年持節塞外威武不屈的自謔與自況趣味。我默查他又有亨利．梭羅《湖濱散記》中二年獨居瓦登湖畔簡樸生活刻苦如雲遊僧般，遂能得出「公民不服從、非暴力抗爭、廢奴主義……」諸般深刻的哲學體悟。亨利．梭羅在瓦登湖濱是北緯四十二度，朱敬一在萊蒙湖畔是北緯四十六度，分別位處美國麻薩諸瑟州、瑞士日內瓦州，其地北國針葉林風光，迴異於南國亞熱帶椰林風情，更不要說蘇武牧羊遠在會凍死人的北緯五十三度貝加爾湖畔。深刻哲思當起於冰雪吹襲天地蒼茫時刻，我能默查北國胡地玄冰邊土慘裂只聞悲風蕭條之聲的境界，理解牧羊人的夜不能寐的哲思。雖說日內瓦城湖畔環境優美，但總非台灣北緯二十四度、四季如春的慵懶舒適，牧羊人朱敬一白天有時周旋於各國大使之間談判，有時絞盡腦汁案牘之間思考策略，到了夜間一卷在手，讀書神馳，當是幸福之事，若能紅袖添香侍候磨墨當然更佳（這就只能當是聊齋誌異了！不必期待當真），但有勃艮第香貝丹在手也行（這當然是唾手可得的幸福），這樣一杯在手，就擁有了類似當年湯瑪士．傑佛遜出使法國，替北美革命爭取國際奧援的紅酒智慧了。歷史淵源人文薈萃之地的日內瓦，對基督教影響深遠的喀爾文思想誕生於斯，法國革命影響深遠的盧梭「社會契約論」誕生於斯，《牧羊人讀書筆記》誕生於斯當非巧合。

此書中令人感慨的內容很多，比如提到了數學大師丘成桐的讀書與自傳，比如提及人文思想大師余英時的淵博與謙謙風範。其中丘成桐院士是少年早慧天才學生，也是中央研究院有史以來最年輕入選的院士，他在二十八歲破解了數學難題「卡拉比猜想」（極有助於物理艱深的弦論與統一場論的理論推導驗證），他三十四歲獲得有數學諾貝爾之譽的費爾茲獎，青年成名望野國際。但是丘院士自傳 *The Shape of a Life: One Mathematician's Search for the Universe's Hidden Geometry* 敘述在少年時代他在父親影響下，廣泛讀書的樂趣與經驗，捨棄通俗小說開始涉獵唐詩、宋詞、《紅樓夢》與王國維《人間詞話》，也閱讀歌德的《浮士德》，成年後他還能忘情的背誦吟詠，丘院士曾提筆為文論證自己思索數學哲學時曾得力於少年時廣泛閱讀王國維與《紅樓夢》等文學作品，擴大了他胸襟視野與思維方式，此後微妙而深刻的影響他做數學研究的方法的感想。這些故事令人感慨的是，對照現在的數位時代，唾手可得的知識變得碎片化，知識的獲得看似容易其實變得沒有主軸而難以捉摸。我們這一代親身參與了數位時代的建構，下一代卻容易形塑成「生於深宮之中，長於谷歌之手」的知識與智慧的失落的一代。其中的迷失在於數位時代帶來生活方便、資訊霸主、傳播快速……有種種好處並且極大的改變了文明的面貌，但是讀書碎片化、資訊食指化的淺薄之處也令人尷尬不安。年輕一代若安逸在谷歌大神溫暖懷抱中，只靠著一指神功，而不去讀萬卷書行萬里路，其實是窄化了視野閹割了經驗，只能活在資訊霸主的虛擬世界，只在神壇下「隨香跟著拜」，會作了善男信女而不自知。

書中也提到漢寶德建築大師談美、提到「世界不平等報告」與論證遺產稅的社會正義問題，書中提到達爾文生物演化……。但我深刻感受的仍然是人文思想家余英時院士的深刻治學和處世哲學。書中提到思想界大師余英時院士受朱大使所託，為日內瓦大使館年度蘭花展揮毫寫字，其間所下的深刻功夫令人動容。余院士為了下筆有適當應景的詩詞，一夜不眠不休翻遍《楚辭》與《全唐詩》，找出九首與「詠蘭」有關的詩歌。這種真功夫苦功夫令我輩汗顏。《全唐詩》我也曾在少不更事學生時代自以為喜愛「全書」類大部頭而試過，沾沾自喜挑戰過威爾杜蘭的《世界文明史》之後，曾忍不住好奇心，往圖書館浩瀚書海中尋找，看到《全唐詩》在書架時倒抽一口涼氣，全書有二十五冊，蒐集有詩詞四萬八千首，慘綠少年拿著白色筆記翻閱抄寫，之後試過幾次頹然而廢。感覺是比枕頭厚比金庸練功還凶的挑戰，才體悟到自己只是一時蠻勇，非真正有方法有方向就不要往此山行了，然後課業繁重暑假已過，正好拿來作藉口知難而退。當代學子，誰會像余英時院士一樣「傻到」親自翻遍二十五冊典籍呢？但也要問，有誰能像余英時院士一樣有深刻功力，能自四萬八千首詩中翻閱一夜「準確定位」八首詠蘭詩呢？在浩瀚詩海中「憑印象」一夜尋覓捕捉到所要找的，不是曾經下過真功夫苦功夫是辦不到的！（揮毫九幅，另外一首來自《楚辭》）。我們受啟發的是，知識不只資料的堆積，知識也不只是資訊的搜尋。善用搜尋引擎與磁碟機很好，資料是死的，人是活的，死物總要為活人所用的。個人電腦動輒2TB磁碟記憶，汽車動力動輒三百匹馬力，但總要為人所主宰而不要機器來主宰人。機器終究只是工具，人是主人而不是機器的奴隸，智慧與視野，不會為機器所主宰，還是要一步一腳印的認真學習的走過來。

朱敬一吾師，通人也！讀書萬卷，學識淵博，風骨錚錚之士。朱敬一吾友，美食家也！識美酒善熬醬汁，又肯桿麵皮作手工肉包凡五百枚且手藝不凡。朱敬一教授，經濟學家也！秉深厚學養，常針貶時事，生年不滿百長懷千歲憂，憂國、憂民、憂稅制不公、憂宗廟傾圮。

這就是朱敬一，他是讀書人，秉良知見不得假有古君子之風。但愛說真話恐也有「不容何病？不容然後見君子！」之嘆。這就是朱敬一，他的本行是「經濟學家」但更像一位思想家，他也愛講「老闆，他在玩你的鳥」的鸚鵡學舌笑話，自娛娛人，也消遣不思考只愛鸚鵡學舌的經濟學者。這就是朱敬一，讀文章識其人，看他對理念執拗又癡情，不禁有斯人獨憔悴之慨，看他老在現代學術圈刺幾下，老在當前經濟政策與稅制上，談憂慮政策帶來黑暗面，不禁讓人捏把冷汗又感嘆有俠義之風。這就是朱敬一，看他議論稅法堅持租稅正義，看他指點江山獻策廟堂，令我學生晚輩萌生既羡慕又同情的矛盾，既羡慕其才情，也生「詞客有靈應識我，霸才無主始憐君」的同情。

他離開了三年多來努力經營的日內瓦經貿外交圈，以我輩友朋關懷角度來說是可喜可賀（因為人人知道朱敬一工作起來是拚命三郎），如今「掛冠可作伴梅人」不亦快哉。雖然以國家知人善任、惜才愛才角度來說，是十分可惜的。

但無論如何，現在返回台北離開萊蒙湖畔，日內瓦少了一位勤奮工作的朱敬一，台北知識圈則多了一位美酒小菜談笑風生的大院士。出了新書，書中內容雖然涵蓋廣闊令人敬畏，但我們也都歡迎他的導讀、鞭策，因為我們都相信他是好牧人，好牧人必不致拋棄他的羊。

是為序。

二〇二〇年春於台北

（本文作者為和碩聯合科技董事長）

（代序）

外交官的涵養與應變

二〇一六年初民進黨再度取得政權之後，內定的行政院長林全前後找過我兩、三次，希望我接任「中華民國駐WTO大使」一職。第一次當面邀約，我說回去考慮一下，大約一週之後我以簡訊回覆婉拒。又過了一個多月，他再打電話來，說大使擬聘名單要送上去了，他還是覺得我比較適合WTO，問我要不要再考慮。我的回答仍然是婉謝，這是第二次婉拒。再過了十幾天，開車時又接到林院長電話，他說大使名單與高層討論後只對WTO大使人選有意見，希望再來問我一次。這已經是第三次詢問了。基於種種當時情境的考量，我是在非常特殊（或是完全不期待）的情況下做了「外交官」。順便一提：除了這個駐WTO大使一職，執政團隊沒有任何人給我任何其他職務要約，我也沒有提出過任何職務要求。台灣的一些媒體或媒體人喜歡「作文比賽」，我對於「毀人不倦」的鹹金病一向懶得理會。

我說對擔任外交官「並無期待」，完全沒有貶抑的意思，而是因為我的個性並不喜歡交際應酬，而在印象中，外交官總是免不了交際應酬。認識我的朋友都知道，「有話直說」是朱某人的註冊商標，用英文描述就是blunt，某些議題說了直話更是有點不禮貌。對於學術界看不慣的咖，我平常連同場同框同桌都覺得彆扭，遑論與之「交際」？但是外交場合為了國家利益，哪裡容得了我任性？因此在剛接任大使的前幾個月裡，我幾乎是強迫自己耐著性子，做一些幾十年下來不喜歡做的事。三年之後回頭看，當時自己對於「外交」的理解恐怕失之粗淺，所以也趁這個機會，做些修正。

什麼是外交官的涵養？

什麼是「外交」，不需要我來定義；維基百科裡對於外交的歷史緣起、功能特色、正式與非正式外交、外交豁免等，都有詳盡的介紹。但是「外交是什麼」與「如何做好外交」，是兩個不同層面的問題。我是經濟學研究者，算是熟悉國際經濟體系與經濟學理論；我做過科技首長、中央研究院副院長，了解科技發展與產業，也對台灣官僚體系的運作了然於心。但是如何將經濟學與科技產業的知識背景「融入」外交場域，卻不是一件容易的事。這裡可以先說結論：我認為做好外交官，只有四個字，涵養、應變。仔細一點分析，應變又來自於涵養。所以外交官的本事，就是以「涵養」二字為根基。

可是這說了不是等於沒說嗎？「涵養」又是什麼呢？記得二〇〇〇年總統大選辯論時，民間的提問代表黃崑巖教授提出一個問題問各個候選人：「請問什麼是教養？」當時的幾位候選人都未能提供理想的回答。事後，黃教授應出版社之邀，寫了一本書《黃崑巖談教養》，至少給了一個他認可的答案。黃教授說，「教養如風」；我們很難描述「風」是什麼，但是風吹拂面，臨拂之人都能清楚感受。這有點像是孔子說的：君子之德風，風行草偃。教養難以名狀，但是一個人有沒有教養，「對方」一定感受得出來。

一般人的教養可能比較強調德性禮儀：應對進退之節、談吐做答之禮、會議互動之度等等。但是外交官所需要的涵養更強調知識面，才能在進退、談吐、會議時，尋找到合理合宜的理想切入點。外交是有布局主題、有戰略方向的，而不是漫無目的地清談殺時間。這些主題、方向，背後當然有其知識背景。如果外交官需要在某些議題上合縱連橫，則需要與合縱連橫的對象「談得上話」，甚至在某些議題中，找到自己國家與交涉對象國家之間的交集。這些都需要因地因時因勢因事的知識。沒有豐富的背景知識，絕對難以在應對進退之際讓對方感受到「拂風」。這種拂風的本事，就是我說的外交官涵養。

WTO大使需要什麼知識涵養？

在WTO這樣的多邊經貿場域做外交官，除了應對進退的禮儀，也需要兩種特殊的專業知識。其一，是國際經濟的運作邏輯與運作實況，諸如哪個國家向哪個區域進口出口哪些品項、哪些國家對於哪些進出口品項極為敏感、哪些國家在哪些產業有清楚的紅線政策、哪些國家善於走經貿遊戲的巧門等。這些，都是國際經濟的實然面、現況面。不明乎此，難以言之有物。

其二，是WTO這個多邊場域的運作規則，包括一般關稅貿易協定（General Agreement on Tariffs and Trade）、一般服務貿易協定（General Agreement on Trade in Services）、補貼與反制措施協定（Agreement on Subsidies and Countervailing Measures）、爭端解決（Dispute Settlements）規則等廿幾部協定，都是一九九四年依馬拉凱許協定（Marrakesh Agreements）建立的框架內容，是建構WTO運作的遊戲規則。在WTO工作的外交官，當然要了解此地的遊戲規則。

WTO各國館員幾乎人手一冊前述廿幾部規則的彙編，同仁們稱它為「WTO聖經」，隨時帶在身邊。但由於世界經濟環境一直在改變，所以WTO會員總是在談判新的協定，希望在「舊約」聖經之外，還能逐步增修「新約」聖經內容。新約與舊約之間的關係是什麼呢？有一則瑞士知名鐘錶的廣告詞說：To change the rules, you must first master them：意思是：你要先熟悉駕馭舊規則，才可能對規則做出有意義的改變，建構新規則。

我完全不同意這種邏輯，甚至認為這是庸才的通病。事實上，一旦某人想要 master the rules，我認為十之八九他已經沒有改變規則的野性與衝勁。想要熟悉規則的人，通常再也難以改變規則。

靠廣泛閱讀，尋找改變契機

我的看法是：新的貿易規則來自於新的經貿環境。我們對於新經濟環境一定要先有充分了解，然後才有能力去彙整新規則。規則只是工具，要理解「將被新規則規範」的新環境，才是真正的關鍵。當然，這個新環境不只是經濟面，也包括國家與國家之間的利益互動與衝突，因此也需要了解國際政治與地緣政治的局勢。

為了幫助自己迅速進入狀況，我自二〇一六年起開始購買、閱讀一大堆的相關書籍。最早的兩本是 *The Misadventure of the Most Favored Nations* 與 *The Genesis of the GATT*，他們與狹義的WTO規則及歷史背景有關。接下來是各式各樣的中英文包山包海雜書，包括 *The Wise Men*、《大鴻溝》、《扭轉全球危機》、《世界的另一種可能》、《歐洲的心臟》、《棉花帝國》、《拯救資本主義》、*Mission Failure*、*American Foreign Policy Since World War II*、《大查帳》、《蔣廷黻與蔣介石》、《數位革命》、《凱因斯對戰海耶克》、*Amsterdam*、《從漢城到燕京》、《血淚漁場》、《人類大命運》、《意外的國度》、《普丁的國家》、《中共攻台大解密》、《愛與黑暗的故事》、《弱滋味》、《開瓶》、《四騎士主宰的未來》、《稀世珍釀》、《最後一次相遇》、《基本收入》、*The Billion Dollar Spy*、*Ghost Fleet*、《中國的亞洲夢》、《金錢密界》、《日本人眼中的中國》、《我們人民，憲法根基》、*Dealing with China*、《黃禍》、《天才、瘋子與大字典家》、《巨龍的胎動》、《戰後台灣的歷史記憶》、《閃電擴張》、《最寒冷的冬天》、《誰賺走了你的咖啡錢》、*The Billionaire: Who Wasn't?*、《最低的水果摘完之後》、*Information Rules*、《卑鄙的聖人——曹操》（十冊）、*Who Rules the World?*、《櫻桃的滋味：阿巴斯談電影》、《余英時回憶錄》、《在風暴來臨前》、《拚經濟》、《逆風台灣》、《出賣中國》、《世界是這樣思考的》、《滾出中國》、《說理 I》、《說理 II》、《世界不平等報告》、*Why the West Rules—For Now*、《未來地圖》、*Emissions Trading*、《注定一戰》、《反轉地球暖化 100 招》、《黃金時代》、《雨》、《人工智慧在台灣》、*The Shape of a Life*、《拆哪》、*Comparative Social Evolution*，再加上五十餘冊紅酒漫畫《神之雫》，這些書之雜之多，真的是族繁不及備載。

這些約兩百多冊的書，我不是僅僅翻閱，而是一本本認真讀，並且每本寫下百餘字至八千字不等的書評，電傳WTO駐團所有同仁，然後將書籍捐出放置於圖書室，供同仁借閱。兩百餘冊書大概只有百分之十用到外交部公務預算，其他都是我自己購買取得，捐贈給駐團。倒不是因為我來自學術界喜歡讀書，而是希望建構一個有專業知識涵養的團隊，如此才能擴大戰力。

讀書有助理解美中貿易衝突

讀這些雜書為什麼有助於外交工作的「涵養」呢？我講不出什麼絕對的道理。但是用幾個例子，應該就能清楚描繪。請注意：我不是要說「讀A這本書對於處理Z這件事有用、讀B書對於處理Y有用」。讀書不是為了「有用」而讀，至少事前不知道有什麼用；但是我們越是不執著於其應用，就越能自然而然地找到應用的方向。幾十年來這是我一貫的看法，名之為「不住相讀書」。不住相讀書，就自然而然能夠孕育涵養。

例一，*Ghost Fleet* 是一本描寫未來美中軍事戰爭的小說。那是一場涉及電子偵測、飛彈導引、衛星偵查的科技戰，其中關鍵之一，就是中國在開戰之前十幾年，已經透過各種美國電子元件外包的機會，將間諜晶片（spyware）植入美國的衛星、通訊、控制、武器等設備。於是中國在開戰後一舉癱瘓美國的通訊作戰系統，美國只能挨打。美國後來能夠反擊的武器，只有「不用現代晶片」的傳統電磁砲。這部小說，加上 Thucydides 的《注定一戰》論、《中共攻台大解密》，你說，對於理解美中之間關於「華為」的鬥爭、科技的鬥爭、5G、6G的鬥爭，有沒有幫助？

例二，《金錢密界》是基於巴拿馬文件（Panama Papers）的資料所寫。表面上看，它只是揭發各個國家官商名人藏在海外的私房錢。但是書中也清楚描繪：像是蘇聯、中國這樣原本集體主義的非市場經濟，一旦往開放市場走，必然會產生諸多尋租（rent-seeking）的機會，而且這些機會必然由原本掌握權力的黨、政高官裙帶取得。因此，許多公司雖然表面上看是私人的，其實卻是「普丁好友的」、「中國共產黨高幹的」，公司取得政府補貼易如反掌。如果我們不了解這些「假民營」公司，我們怎能了解俄羅斯與中國的經濟運作？這些資訊與《世界不平等報告》相佐證，你說，是不是有助於我們對「非市場經濟」、「政府補貼」、「透明度」等WTO議題的了解？

例三，《血淚漁場》是台灣記者的深度報導、調查報導，記述台灣漁船公司招募東南亞漁工，出海遠洋捕魚，長時間處在「不人道對待漁工、剝削漁工」的邊緣。WTO場域目前正在漁業談判，涉及非法捕撈、漁業補貼、魚群耗竭等嚴肅課題。《血淚漁場》這些故事，加上兩年前歐盟給我們的黃牌制裁，你認為會不會對於我們的漁業談判立場，有相當幫助？

讀書能豐富與外國人的互動

例四，《說理I》與《說理II》談的是修辭學。作者整理出不少辯論的法則，配之以生活的應用，是我看過最活潑生動的修辭書。但是不只如此，這本書告訴我們自希臘哲學家亞里斯多德以來，辯論與說服性演講就是政治外交場合正式訓練的一部分。因此，修辭與辯論不是「巧言令色鮮矣仁」的瑣碎角色，而是大開大闔的戰術運用。此外，在《蔣廷黻與蔣介石》、《卑鄙的聖人——曹操》中也有外交官說理的精采描述，不但要說服外國人，也要說服若干國內的笨蛋長官。你說，它對外交官有沒有用？

例五，《神之雫》漫畫五十餘冊、林裕森所寫的《開瓶》、《弱滋味》、陳新民寫的《稀世珍釀》、楊子葆的《葡萄酒文化密碼》，都是在台灣赫赫有名的葡萄酒專書。在歐洲各地交際應酬，幾乎逢餐必飲，紅酒、白酒、香檳；不同葡萄品種、不同國家、不同產地、不同年份等資訊，龐雜卻也有軌跡可循。你說，外交官了解這些知識，是不是有助於其與外人之交際應酬？

例六，《愛與黑暗的故事》（*A Tale of Love and Darkness*）是以色列大文學家艾默思·奧茲（Amos Oz）的作品。其描寫的內容，是作者自幼至長的所見所聞、成長環境等。由於他的成長伴隨著以色列的建國與發展，讀此書就能體會、了解猶太人的苦難與愛恨情仇。一年前，我打電話約以色列大使吃飯，台、以兩國久無邦交，她的祕書本來狐疑詢問：要談什麼主題？我請祕書回覆：要聊聊奧茲，結果以國大使立刻答應，而且改成她請客。過去一年多，我儼然像是亞洲「頗能理解欣賞猶太文化」的少數朋友。此外，《櫻桃的滋味：阿巴斯談電影》討論西方電影、《拆哪》談中國電影，你說，這些書對於了解與比較異地文化，有沒有幫助？

讀書有助尋找戰略切入點

例七，《數位革命》是二十五年前的老書了，由MIT媒體工作室的元老 Nicholas Negroponte 所寫。書雖然老，但是作者對於數位時代 bits 與 atoms 角色轉變的描述，仍然是今天WTO數位傳輸免稅（moratorium）的論述基礎。但是WTO的外交人員多年來「不識廬山真面目」，向來只想到 bits 傳輸之利，沒有考慮到 bits 在數位空間（cyberspace）居然也能產生貿易障礙。我們如果不讀懂數位革命的精髓，永遠不能了解規範實體空間貿易障礙的 GATT 為什麼已經不敷使用，也難以想像數位空間貿易障礙（cyberspace trade barriers）長什麼樣子。

以上這本書是早期的數位觀察，但是《四騎士主宰的未來》、《閃電擴張》、《人工智慧在台灣》、《未來地圖》、*Information Rules* 則刻劃更多現在與未來的數位世界。在電子商務日益發達的時代，你說，這些書對於WTO的相關談判，有沒有用？

例八，《最寒冷的冬天》描述韓戰始末，從 McArthur 的誤判，到美軍反攻的浴血之戰。我們大概可以了解美國如何由韓戰、越戰逐漸體會 George Kennan「圍堵」政策的極限。這樣的圍堵，是當年「地緣政治」下的思考，如今在科技戰、貿易戰、匯率戰、5G戰等非關地緣的新戰場，美國還能不能有「圍堵」的新觀念，值得思考。相關的地緣政治書包括 *The Wise Men*、《意外的國度》、*The Billion Dollar Spy* 等。從地緣政治的圍堵到5G與華為產品的圍堵，你說，這些書有用嗎？

例九，《反轉地球暖化 100 招》、*Emissions Trading* 都是與碳排放交易、全球暖化有關的書。WTO先前有 Environmental Goods Agreement（EGA）的擬議，但是功敗垂成。你如果去看看EGA的內容，就知道只談 goods 不談 services，根本解決不了全球暖化的問題。前述兩本書給我們啟發，了解歐洲人與美國人認知的差距，也知道服務業在減碳中扮演的角色，更掌握：在EGA中加入 services，會產生有助於抑制碳排放的機制，有可能將EGA起死回生。我們往這個方向移動，或許可以產生關鍵影響。你說，這些書有沒有用？

讀書也有助於「應變」

例十，《余英時回憶錄》與丘成桐所寫的 *The Shape of a Life* 分別是人文、科學兩位大師的自傳。這樣的書怎麼想都與外交無關吧？其實不然。大學教授成名之後讀書時間也受到壓縮，雖然余、丘二人是終身學習，但是我認為他們在研究所階段兩年、三年的時間，是打下深厚基礎的關鍵。我自己在過去三年發瘋一樣地閱讀，是個難能可貴的機緣，幾乎像是個二十幾歲的研究生，努力浸淫在國際貿易、國際政治的環境中。台灣駐WTO團在此地其他代表團眼中，幾乎是公認的「超級專業團」，新想法與新突破層出不窮。你說，讀閒書了解雜亂知識，有沒有用？

以上用了不少篇幅描述為什麼讀書有助於充實外交官的涵養。但是國際經貿環境瞬息萬變，在變局中外交官需要快速地調整主軸、改變論述切入點、扭轉合縱連橫的角度等，不能死抱著知識而不知變通。以最近三年為例，全球最大的經貿課題就是美中貿易戰。這個貿易戰一開始是從「課關稅」揭開序幕，但是隨後就發展到中國的強迫技術移轉、非市場經濟、政府不當補貼、匯率操控、留學生竊取實驗室資訊、ZTE與華為禁運、逮捕孟晚舟、中國的開發中會員地位、中國民營企業裡的黨委書記、中國的網路管制與電子商務、美國杯葛WTO的司法體系人選、美國期望強化WTO會員通知與透明度……。這些，全都是因為美中大戰而牽動的新議題。

相對而言，WTO的舊議題則幾乎全部停擺。例如，美國總統川普宣布退出巴黎協定，但是法國總統馬克宏卻宣示「沒有巴黎協定就沒有貿易協定」。美國喜歡雙邊談判，因此原本進行到一半的複邊服務貿易協定（TiSA, Trade in Service Agreement）即觸礁。美國杯葛WTO司法體系（appellate body）AB人員更新，於是該體系形同癱瘓。美國在WTO所提的所有與中國有關的議題，中國全數反對。由於WTO是共識決，因此這樣的僵局注定會使WTO難有成果。面對這樣的僵局，小國如台灣，要怎麼辦呢？如果WTO對任何議題都難有共識，經貿外交官能怎麼辦呢？這個時候，就需要應變，而涵養正是應變的基礎。

經貿談判既重結果也重過程

其實WTO自二〇〇一年杜哈回合談判以來，已經十幾年沒有什麼具體談判成果了。這樣的困境，早年當然與一百六十四個會員之間歧異性太大有關，而近年則是歸因為美中之間的貿易摩擦。許多人觀念轉不過來，認為談判沒有共識結論就是一事無成，其實不然。談判既希望結果合意，也要在過程中交朋友。有時候，如果明顯預見談判不會有結果，則我們反而更應該把注意力投注在過程。

例如在談判A提案時，許多傳統公務體系的官員，都是用「A提案若通過，會不會對國內xyz三個產業或是領域產生衝擊」這樣的思考，去評估建議「我國是否應該接受A提案」。

但是傳統公務人員不在談判會場，他們往往無法評估A提案取得共識的機率。此外，傳統承辦人員也會擔心A提案萬一通過，他們是否會因為xyz的衝擊而受到責難。因此，任何提案交給傳統公務體系照正常的分析，絕大多數情況他們都會建議「不要同意A案」。

但是我要強調：既然美中之間已經劍拔弩張，「你的提案衝著我，我一定反對」、「我的提案衝著你，你也一定反對」的態勢明顯，則許多提案通過的機率都趨近於零。既然如此，我們國內主管機關所做的利弊分析，其利弊真正會實現的機率，也就趨近於零。用粗俗一點的白話文說：不會發生的事，還分析個屁？這個時候，我們賦予傳統利弊分析的權數應該大幅降低，而要把重點放在「過程」；我們應該儘量在過程中獲得國家利益，而不要只看「反正不會通過的」提案。這，就是應變。

學問為濟世之本

如前所述，我認為讀書幫助我們深化涵養、幫助我們了解形勢、幫助我們領略其他國家的關鍵利益、當然也幫助我們知所應變。許多人總覺得「學問為濟世之本」是句口號，像是「書中自有黃金屋」一樣，騙小孩子去讀書。北海牧羊三年，我更能體會讀書之為用。而且我們要記得：讀書要「不住相讀書」，不為特定目的地廣泛閱讀。

雖然我們兩百多本書百分之九十沒有用到公務預算，但是那僅有的百分之十，偶爾還是會遇到蠢蛋的問題。有一回總理各國事務衙門的主計人員來函電詢問：購買XX書給同仁閱讀，「對於外交有什麼幫助」?對於這種後段班提問，我的回應是：拚命閱讀「如何寫作文」，反而對作文沒有幫助。

《金剛經》說：「菩薩不住相布施，其福德不可思量」；牧羊人說：「外交官不住相讀書，其功效不可思量」。知識豐富涵養，而涵養為外交之本！

二〇一九年十二月二十六日
序於台北南港

①

②

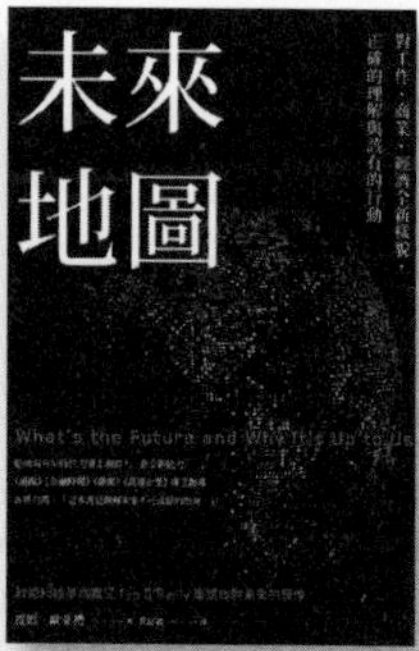

③

④

⑤

⑥

⑦

⑧

① P. W. Singer & August Cole, (2016). *Ghost Fleet: A Novel of the Next World War*. Eamon Dolan/Mariner Books
②《血淚漁場：跨國直擊台灣遠洋漁業真相》，李雪莉、林佑恩、蔣宜婷、鄭涵文，行人，二〇一七。
③《未來地圖：對工作、商業、經濟全新樣貌。正確的理解與該有的行動》，提姆．歐萊禮，天下雜誌，二〇一八。
④《最寒冷的冬天》，大衛．哈伯斯坦，八旗文化，二〇一八。
⑤《愛與黑暗的故事》，艾默思．奧茲，木馬文化，二〇一九。
⑥、⑦《說理I》、《說理II》，傑伊．海因里希斯，天下雜誌，二〇一八。
⑧《數位革命》，尼葛洛龐帝，天下文化，一九九五。

通識基本功

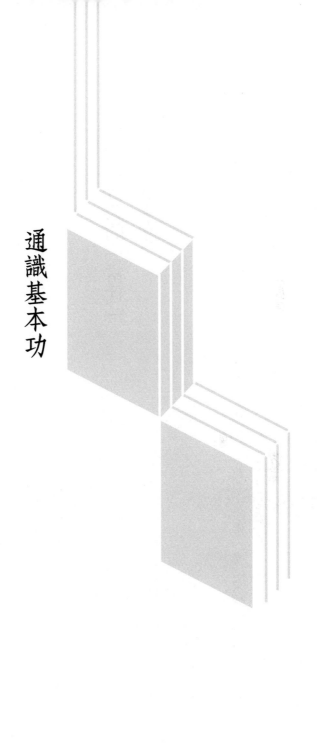

「經典」是恆久的「當代」

——讀《余英時回憶錄》

《余英時回憶錄》書分五章；後三章分述余先生在北京、新亞、哈佛三處的求學、研習閱歷，前兩章則是年幼的鄉居生活與抗戰期間對共產黨與共產主義的一些觀察。

余公對共產主義的觀察

後三章關於余公求學研習的經驗，確實是平鋪直敘，把點點滴滴的用功、投入、機緣，都描述得清清楚楚。我自己的初階學習經驗大抵與余先生相若，都是在美國研究所的前幾年投注極大的努力，奠下還算實在的基礎。這些基本馬步功夫一開始自己並不知道有多大作用，但是在步入研究生涯後，卻能隱隱然發揮功用。扎根功夫就像是機器的軸承、齒輪，是機器能不能禁得起高速運轉的關鍵。我們在引擎低速運轉階段還不能體會其重要，但是到了轉速提高、運轉密集的時候，齒輪軸承的重要性就自然浮現。這些體驗，我在此暫不深論。

余先生在回憶錄前兩章對於共產主義與共產黨的體認，主要是來自於年輕時直接的鄉間觀察，以及稍微年長後對中華文化與馬列論述的參照比較。關於前者，余先生的一手觀察是：分明是一股殘暴的地方土匪，單純為了奪權目的收編到新四軍，既沒有共產理念也沒有解放期待；陳獨秀等知識菁英在校園裡鼓吹的共產革命理想，顯然與鄉村的共產革命現場大相逕庭。關於後者，余公觀察諸多中國文化的底蘊特質與包容歷史，認為「均平」思想並不必然與中國社會文化衝突。既然中國社會並非與之抵斥，也大可不必用激烈的革命手段來強行植入。硬要強行植入共產革命，反而會付出慘重的代價。

相對於極權中國，我相信「台灣」對余先生最大的意義，就是其民主、自由的社會環境。在最近幾年中共壓制香港民主自由日亟之後，台灣幾乎成為華人社會的唯一淨土，余先生當然珍惜、當然支持。過去幾年，我有若干次機會與余公聊起中國的未來以及台灣的走向，他的教誨我謹記在心，卻仍未能完全消化。許多媒體訪問余公，總是會帶到「台灣／中國之間未來發展」的問題。每當大師說出類似「極權必不長久、內部遲早生變」的話，報社就可以放在頭版頭，小記者遂能交差。但是由《余英時回憶錄》可知，余先生對共產黨的觀察，比較注重個人經驗與社會文化的思辨，較少論及「極權必不長久、內部遲早生變」的背後邏輯推理。也許我自己的國際政經閱讀與這兩三年的外交經驗，能夠提出一些觀點與補充。

記憶力驚人的余公

余先生回憶錄對於中央研究院的記述殊少，我想把余公在中研院的點點滴滴，做個補記。已故的費景漢院士，大概是早年最欣賞我研究論文的長輩；他在一九九五年左右就常找我瞎聊。有一回費老跟我說：中央研究院人文組的院士，他只佩服兩個人，其一是張光直（考古人類學家，已故，大概是當時唯二中研院人文組院士能夠選上美國國家科學院院士的），其二是余英時。兩人名字最後一字（時與直）韻聲相近，非常好記。費院士是小孩子脾氣，從來不去思考「只佩服」幾個字的得罪人後果，就只是把「感覺」實實在在講出來。「只佩服兩個人」，這對當年四十歲的我而言，是個極少聽到的描述。

從那個時候開始，我就一直想找機會與這兩位泰斗級的人多親近。我問費老，張光直先生與余英時先生的貢獻各是什麼呢？費老就侃侃而談，把張先生在殷周考古學、中國青銅器考古發現多在禮器等特殊的意義解說了一番。然後講到余英時先生，就沒有那麼言簡意賅了。費老補充：他每次跟余先生談話（他們在 Yale 有同事重疊幾年），他都覺得極有收穫，好像有撈不完的寶藏，「你有機會應該多和余先生聊聊」。

余先生的腦子裡埋了多少寶藏呢？舉幾個例子可能比較清楚生動。一九九八年我當選中央研究院院士之後，有幾回在某個院士被提名人的討論中，余先生都很客氣、謙虛地呈現了他的驚人記憶。何炳棣先生是第六屆中央研究院院士，年齡比余先生還要大上一輪多，是人文組最資深的歷史學長老。有一次，為了一件院士提名案，何先生對被提名人的宋明理學見解提出了一些評論。由於余先生看法不同，於是在接下來的發言中余老不厭其煩地，從宋代某甲給某乙在某年所寫的某信，講到某丙某丁在其後哪一本著作如何與之呼應……，對何先生一一批駁陳述。這些都是現場偶發之回應，絕對不是先前準備好的講稿。

余先生對各筆史料如數家珍，說完最後致歉「擔誤大家時間，掉了一些書袋」做結尾，現場一片安靜，而年長的何院士也不再置一詞，討論結束。

中央研究院人文院士的精神領袖

那一次交鋒之後，大概誰是人文組院士的「精神領袖」就不證自明，任何人都一目了然。然而余老從來不以領袖自居，待人總是謙和、求助總是幫忙、言語總留餘地。但是，武林只要有高手出頭，難免就會有一些毛毛躁躁的小伙子想上前挑戰。余先生曾經對「新儒家」的一部分見解有些批評，結果就引來幾位年輕人點名叫陣，用字遣詞也不怎麼客氣。

挑戰者三番兩次囉唣之後，余老只好「引經據典」回應，刊於《當代》雜誌上，把對方的錯誤謬見一一點明，條析清楚再無疑義。當然，在我們旁觀者眼中，這些文字交鋒就像是武打片中「一方餵罩門給另一方打」一樣，消暑解渴。有一回在中央研究院步道上巧遇余老的一位學生，當時他已經是研究員。我們開玩笑討論前述文字交鋒的結論是：對於記性如此好、知識如此深不見底的余公，千萬不要跟他打筆仗！切記切記！這位研究員說：「看看那位挨打的，慘不忍睹啊！」

在過去十年中，因為女兒、兒子都在美國東岸求學之故，我常有機會去紐澤西造訪，都順道去余府串門子。每次拜訪余先生，我總想挖出一些他的庫存知識寶藏。有時候和他聊聊新儒家，有時候談談他對共產黨與共產中國的看法。我與他聊天是沒有目的的；如果一定要說目的，就是我打從心底有「喜歡被知識震撼」的期待。

記得有一回為了要聊他的新作《朱熹的歷史世界》，我硬是先把他上、下兩冊硬邦邦的新書讀了、想了，也提出了我的問題。我請教，他書中引用了千百則史料或書信，有許多都只是一時一地一人一事的隻字片語，他焉知這些雜陳無關的資料，可以搭配互佐呢？千百則資訊又要如何串接呢？有什麼指導原則呢？余先生說，資料引索串接一則是治學經驗，另外則是他希望他所提出的詮釋，能夠「極大化歷史解釋力」。我現在回憶的名詞未必精準，但是當時我非常驚訝，因為「極大化歷史解釋」這幾個字，幾乎就是統計方法上的最大概似推定（maximum likelihood estimates）。這可是我頭一回從人文學者口中，聽到如此的「科學方法論」。

通儒治學，信手拈來皆如意

余院士專研思想史，但是他們那一輩的人，常有「通儒」的內功。我偶爾聽某位教授把某篇文章從某個「社會學理論」切入的文學評論。聽或讀到這樣的文學評論，我都覺得坐立難安，好像扭了脖子或是大腿抽筋，渾身不自在，似乎是硬要把文本「塞進」某一個既有的文學理論框架。後來有機會略讀余老所寫《紅樓夢的兩個世界》，感覺其對比分析自然順暢，既合乎文本也切契結構。如果真要看文學評論，我只想讀這種有血有肉有氣的作品，不要看那些會抽筋扭脖子的鬼扯文學評論。

余老跟我說，那本紅學評論只是他的「消遣」，算不上什麼研究。我背過頭向朋友做了個鬼臉：乖乖，有這種「消遣」？這不是氣人嗎？我有一個姊姊是珠算心算的高手，她以前說她等紅綠燈時候的消遣，就是把前車車牌號碼的六位阿拉伯數字自乘。這種消遣，對我們這種「兩位數乘兩位數心算」都感到吃力的人而言，不也是氣人嗎？我想余老的紅學消遣，恐怕是許多知名大學博士生三、五年的苦工吧。

過去十年之間，我大概叨擾了余府好多次，最近一次是二〇一八年一月，當時我任台灣駐WTO大使，拜訪過後，我們回顧前一年的WTO辦蘭花展的經驗，覺得年復一年一定要別出心裁。去年的蘭花展震撼人心，今年呢？大家慢慢調整構思，就逐漸出現「蘭花加書法」聯展的規劃。要做成這件事，就得央求余公幫忙了。

蘭花書法展，請大師出馬

在自己做駐外大使之前，真的不了解我們外交處境的艱難與痛苦。我們經常聽到「中共打壓」，但是切身感不強烈。一定要等到你自己受到打壓，你才可能體會那種痛、那種幾乎是本於尊嚴的憤怒。我們當兵時政治作戰課程中所描述的「仇匪恨匪」，當初覺得是口號一句，現在才知道是不少外交官近乎真實的感觸。常駐WTO代表團，幾乎是台灣在國際社會唯一的正式舞台；我們要怎麼樣才能在這個合法舞台上讓人驚豔呢？我們爭名稱、爭主權，當然是為所當為。但是我們在經貿專業社群（如WTO）整天吵名稱，是會惹人嫌的。台灣有沒有什麼強項，不會惹人嫌卻又能為我們贏得尊重呢？

我給余先生寫傳真，希望他「幫忙呈現民主台灣的書法之美」。余老當然了解台灣的外交困境，也希望用種種方法，呈現民主台灣的美好。我們都知道，「書法」所築基的繁體中文，是台灣與中國的重要文化分野之一。簡體字因為濃縮了文字架構，當然也就妥協了書法藝術。我打算從此切入，把台灣的蘭花與書法藝術之美一次呈現。

蘭花加書法能否成功，其關鍵就在於書法的贊助者是否有代表性、是否願意共襄盛舉、能否在書寫內容上與蘭花相搭配。我先問余先生贊助支持的可能性。原本誠惶誠恐，沒想到余老一口答應。一旦中研院人文組精神領袖余老拔刀相助，邀請其餘丁邦新、金耀基、杜正勝、王汎森四位院士，就相對容易些了。

余老不但答應寫下墨寶，甚至以身作則到令人感動。當初，我希望受邀的五位院士，其書法內容能夠與蘭花展相搭配。余老為此廢寢忘食，聽余師母說，是「熬夜到晚上四點才睡」。師母說，他從《楚辭》開始翻起，一路找到唐詩，挑出其中與蘭花相關的，然後再擇其優者寫為書法，總共有九幅。對於這位「還不知道 Google 有搜尋功能」的老院士而言，一夜遍翻群籍已經是他所能做的極限了。不止如此，余老師就其所擇，還篇篇做成筆記——關於書法詩詞的背景、關於作者、關於年代，然後，將所有筆記寄給我們。

躬親慎事，令人感佩

余公筆記先說前言：「囑為蘭展寫字，已成九幅，都是古人詠蘭的詩。第一首出於《楚

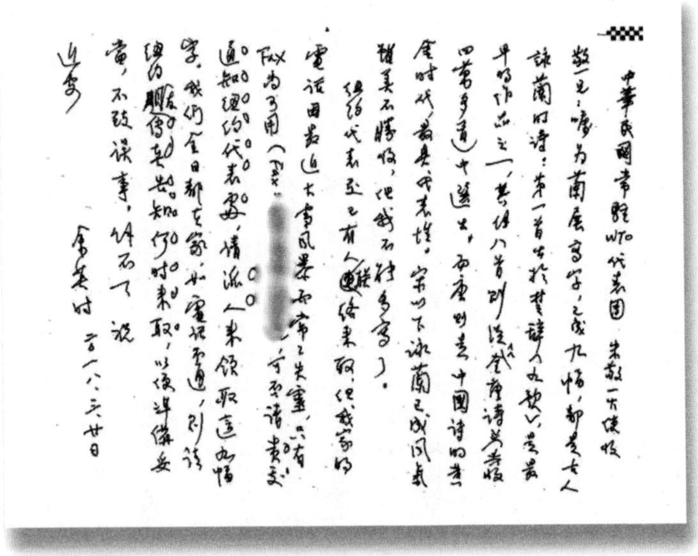

中華民國常駐WTO代表團 朱敬一大使收

敬一兄：囑為蘭展寫字，已成九幅，都是古人詠蘭的詩：第一首出於楚辭（九歌），是最早的作品之一，其餘八首則從《全唐詩》與《全宋詩》四萬多首中選出，而唐則是中國詩的黃金時代，最具代表性。宋以下詠蘭已成風氣，雖美不勝收，但我不能多寫了。

紐約代表處已有人聯絡來取，但我家的電話因為最近大雪風暴而常常失靈，只有FAX尚可用（[redacted]），可否請貴處通知紐約代表處，請派人來領取這九幅字。我們全日都在家，如電話不通，則請紐約聯絡處告知何時來取，以便準備妥當，不致誤事。餘不一一，祝

近安

余英時 二〇一八、二、廿日

余英時「蘭展」筆記。

辭》〈九歌〉，是最早的作品之一，其餘八首則從《全唐詩》（共收四萬多首）中選出，而唐則是中國詩的黃金時代，最具代表性。宋以下詠蘭已成風氣，雖美不勝收，但我不能多寫了。」

寫完前言再各篇解釋背景。例如，〈九歌．少司命〉：「詩衛風有芄蘭之葉，而朱子以為不知所云，故中國詠蘭之作，當以《楚辭》為最早。」又如，唐太宗〈芳蘭〉：「詩以有唐一代為最盛，時詠蘭之作絕少大家為，李杜元白皆未見於集中，《全唐詩》僅八首而已，李世民為之始。」余公怕我們看不懂行草，每幅字還另抄正楷以為比對。其他點注，請見附檔。

余老就是這樣的精神令我們讚歎、驚佩、感動。展覽結束之後，原作寄回，余先生又傳真給承辦的三等祕書：有沒有你喜歡的哪一幅，可以送給你！這位祕書受寵若驚，從來沒有看過這樣平易近人的精神領袖大院士。

容我再多說一點：如果叫你去找與蘭花有關的唐詩，不准用 Google，你要怎麼找？你怎麼知道要從《楚辭》開始找起？唐詩上萬首，你總要有點印象，誰曾經寫過什麼與蘭花有關的詩之類，才能開始「找」吧？Google 幫我們把搜尋門檻降低了，任何智商一五七開根號之輩，就可以搜而尋之。但是這種完全靠演算法（algorithm）堆砌出來的搜尋結果，沒血沒肉，對於研究或是文化智識的累積，有什麼幫助嗎？我認為完全沒有。搜尋引擎也許可以節省余先生的時間，但是卻完全無助於人文知識的累積與成長。

人文累積，成就通儒

這就是我想說的：人文知識就是要靠研究者逐步的「自我累積」，慢慢成形，沒人幫得上忙。但是這種自我累積的過程，卻是實實在在，看似緩慢，然而由點倏然成面，渾然貫通。我覺得，現在的科學教育知識被切割灌輸，恐怕是再也培養不出余先生這樣的通儒了。我一向喜歡與余先生聊天；每一次談話本身，就像是在閱讀經典。余先生大我超過兩輪。但是經典的定義就是：經典是恆久的「當代」（a classic is a contemporary of all times），兩輪年齡差距，算不了什麼！

電影《一代宗師》有句對白：功夫，兩個字；一橫一直。我認為「人文學者」也就只有兩個字：或通或滯。余公之後，我找不到庶幾乎近的通儒型漢學研究者。要彌補這個空檔，絕對不是獎勵問題，而是教育問題。

初稿記於二〇一八年十一月二十八日

修訂於二〇一九年十二月

延伸閱讀

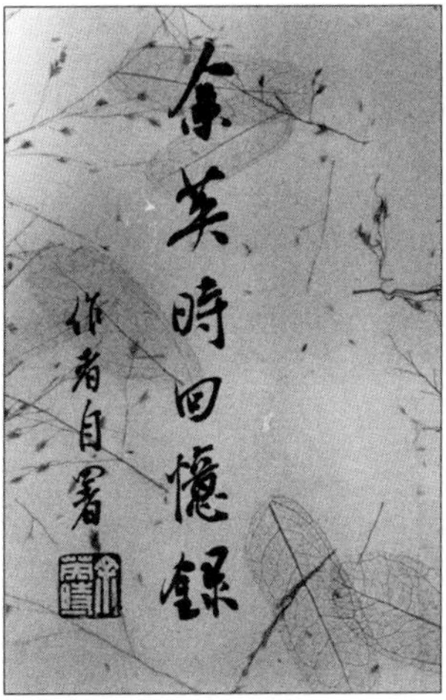

《余英時回憶錄》，余英時，允晨文化，
二〇一八。

丘成桐院士的「宇宙幾何」

三天之內讀完了丘成桐的英文自傳 *The Shape of a Life: One Mathematician's Search for the Universe's Hidden Geometry*。如果要翻譯成中文，大概是《生命的形狀：一個數學家對宇宙幾何的追尋》吧。通常讀英文書不會這麼快，但是這一本書對於我這樣的學術研究者超有吸引力，也甚具啟發。以下是深度分享。

以學術做終身志業的 Shape

丘成桐是中央研究院「有史以來」獲選院士時最年輕的一人：三十五歲當選。許多台灣媒體經常錯說我是中央研究院最年輕當選的院士，我都要糾正他們：我選上院士四十三歲，論「當選時年齡」不但輸給丘院士甚多，甚至在人文社會組（丘是數理組）也不是最年輕（劉遵義獲選時三十八歲）。事實是：我獲選院士之前近二十年，確實沒有比我年輕的人當選。但是，這個紀錄沒什麼好比的，丘成桐院士的成就非絕大多數中研院院士所能企及，在學術成就上我遠不及他。年紀輕輕而選上院士者，若是後繼無力，將來也未必就是「大尾」院士。

丘院士是一九八三年的費爾茲獎（Fields Medal）得主。該獎頒給全球四十歲以下最有成就的數學家，是數學界的諾貝爾獎。丘院士在競爭激烈的國際環境中這麼年輕獲此殊榮，絕對沒有任何僥倖。我沒有太多的數學訓練，但是讀經濟學博士之前修過不少數學課，了解一咪咪微分幾何、微分拓璞、偏微分方程、拓璞學，對於自傳中的數學內容勉強知道個概念，如此而已。但是這本自傳絕對不是丘院士要正經八百地介紹他的學術研究，而是描繪他從事數學研究四十餘年的生命歷程，這是他的 shape of life。這樣的生命歷程對於我這個社會科學研究者是心有戚戚焉，我相信對一般讀者也頗具啟發。

如果拿丘成桐院士的研究歷程與人文學泰斗余英時院士相比，會有什麼相似相異？余先生最近也出版了《余英時回憶錄》，內容也有不少描述他求學與研究的過程。我將兩本書相比對，覺得相通之處甚多。基本上，要成為大學者，都要有頗長一段時間「極為專注」地投入研究。那種專注，幾乎是到了完全不旁騖其他的地步。丘院士描述他一枝筆一張紙可以推導演算幾近徹夜不眠。不只如此，他開車載著家人從美國東岸到西岸，兩個多星期的時間，連開車都在想「不需要紙筆演算的」拓璞問題。《阿彌陀經》要人念經念到「一心不亂」即能往生極樂世界，看來丘院士對於幾何學的研究專注，也已經到了「一心不亂」的境界。

人文學科的研究不太需要演算，但是需要廣泛的閱讀。余英時院士描述他求學階段的深入閱讀、分類做卡片，把廣泛吸收的知識依自己理解做區隔整理，漸成體系，也是耗時費神的苦力。丘、余二人都有機緣在年輕時長時間專注投入他們的學術研究，這是他們能有今日成就的關鍵之一。

專注投入與人生機緣

此外我也發現，余院士與丘院士能成就今天的泰斗地位，顯然也不是全無波折。丘院士的成名作是關於卡拉比猜測（Calabi conjecture）。一開始丘先生認為那個猜測是錯的，只想找一兩則反例證明其錯，其初步論述甚至也與卡拉比本人討論過。後來一放數年，還是卡氏致函催促，丘院士才回過頭來想要「完成」其論述。

殊不知這個「完成」的工作始終無法竟功，原來的初步論述無論如何就是走不過細緻數理推演，這才讓丘院士回過頭來猜測「也許卡拉比是對的？」他埋首反方向推論長達數年，才終於證明了卡拉比猜想。可見，數學大師也不是一開始就「直指人心見性成佛」，還是要摸索、嘗試、犯錯、修正。人文社會學科又何嘗不然？只是人文學科不像數學定理，沒有那麼絕對的是非，所以我們比較少見一百八十度大轉彎的研究方向改變。

當然，長時間專注投入只是成為大學者的必要條件，卻非充分條件。這背後有個人資質因素，也有機緣運氣因素。別的不說，丘成桐與余英時兩位院士的少年期間，都有太多的因緣際會，經常會有貴人相助，才懵懂地踏上赴美留學之路。兩位大院士到美國之後，又有種種巧合因素，使得研究初階的經歷頗為順利。這些，都有運氣的成分。陳省身之於丘成桐，恰如錢穆、楊聯陞之於余英時，都是廿幾歲年輕人的貴人。丘院士對陳省身終身感激，余院士對於錢、楊二位，又何嘗不然。

我前兩段想要對年輕人強調的是：（一）學界泰斗並不是「在智慧上遙不可及」的神人，而是像我們一樣，也會犯錯、也在摸索的凡人；（二）學界泰斗的成功不是「天命」，背後絕對有努力，也有運氣與機緣，年輕人不必妄自菲薄。以下我要進一步說：學術泰斗的日子並不好過，至少丘成桐院士的經歷是相當好的驗證。

傑出表現的伴隨代價

丘院士成名極早。二十一歲博士班第一年，就發表文章在頂尖期刊《數學年鑑》（*Annals of Mathematics*）。我相信有百分之九十以上的數學研究者，終其一生沒有辦法在那份期刊刊出文章。丘院士兩年就完成博士學位，二十二歲就進入數學家夢寐以求的高等研究院（Institute for Advanced Study）做研究，三十歲升正教授，三十四歲獲得數學界的費爾茲獎（其實三十三歲就已經公布得獎）。得獎之後，當然演講邀約一堆、教職聘請來自各地、評審請求無日無之、學生盈門問題不斷、規劃研討會、做期刊編輯……。以期刊評審為例，別人找上門，是因為你學術成就與發表令人尊敬。學者對於論文評審的請求通常難以拒絕，因為那是學術工作者的義務；總不好你投稿別人幫忙審，別人投稿你拒絕審查吧？

以上這些學術研究之外的雜事，都涉及人與人之間的互動。即使傑出教授，大概要到五十幾歲才會面臨這樣的瑣碎轟炸，但是看來丘院士比所有學界教授提早二十年面對轟炸。人的數學成就可能年少揚名，但是其社會歷練很難「提早完成」，因此我可以想像，這些瑣碎轟炸會給丘院士帶來許多社會互動的扞格與困擾，就如他自傳所描述的一樣。

此外，一般人的「成名」與學術界的「成就」不太一樣。一般名人如民代、名嘴、影星、主播，他們頭上沒有光環，他人若與名人發生爭議，名人並沒有什麼優勢，有時候還被迫息事寧人，出名反而常吃悶虧。但是對於頭上有光環的學界大尾，他們與人的爭議通常還是與學術有關。當大學者的專業意見與其他人相左的時候，對方要扭轉劣勢就非常困難。正因對方評估「要扳倒丘成桐很難」，於是就有必要用極為陰險的手段、散播極為負面的謠言、把你的人格描述成極為不堪，如此才可能翻轉劣勢、鬥爭成功。

我記得二十年前我也曾經反對過某個升等案。該升等不順的研究人員，為了要扭曲自己研究成果的不利，居然散播謠言：「朱某人聽他的研討會中途起身，將他的論文摶成一堆，當眾丟進垃圾桶」；必須要用這種粗暴無禮的謠言，去影射「朱某人評審必然有瑕疵」。這種從來沒有發生的事也能描述得活龍活現，上演在一間「沒有垃圾桶」的研討會討論室！我閱讀丘院士所舉若干匪夷所思的荒誕指控，猜想背後的緣由應該也類似吧。《左傳》有謂「懷璧其罪」，「擁有 Fields Medal」恐怕也是個「璧」！遺憾的是：這種謠言傳多了，難免會有一兩成的人就莫名其妙地相信了。然後輾轉相傳，回到丘院士耳中，謠言可能已經繞地球七圈半了。

從學界鬥爭到學術資源鬥爭

到了費爾茲獎或是諾貝爾獎得主這個層次，他們影響的層面就不只是哪個人升等、哪篇文章退稿的決定，而是「要不要設一個新的研究中心」、「要在哪裡新設一個研究所」、「國家該採行哪些科學政策」之類。大學者要攪和到這樣複雜的決策，必然會碰到遊說者背後一整掛的勢力，盤根錯節，而且其領袖必然有極大的政治或學術影響力。

丘院士的自傳描述了若干回合「捲入重大國家資源投入」的決策，他也無可避免地要與學術光環與他有拚的大學者意見衝突，包括楊振寧這一級大他二十五歲的諾貝爾獎得主，也包括他的老師陳省身院士。可以想像，這樣的政策爭議雖然表面上是談論道理，但是背後涉及一掛人的利益，即使丘院士全無他念，不起波瀾也幾乎是不可能的了。

在丘院士描述的一系列學界鬥爭之中，有些事我認為他的處理確實有改善空間。例如某甲系裡同事A要升等，甲致電丘院士說：A是做數論的，他們系裡同事對數論不熟，由於丘院士的同事X對數論熟，可否請丘代為詢問一下X對於A的評價。這一類的「借刀殺人」小詭計，丘院士自傳中描述了數起。每一回，丘都自認為「只是代轉（relay）X關於A的評論」，但是每一回，傳言都是「丘成桐不喜歡A，砍了他的案子」。如果某甲真的請X評審A，X很可能還會拒絕，不想扮黑臉。即使X答應做評審了，白紙黑字通常也留些餘地。但是既然丘院士問，X反而會坦率回答，口語也不會留什麼餘地。於是甲先生的「借刀殺人」之計圓滿達成。

就這樣，「傳話」的人變成首謀，在背後使詭計的甲反而滿臉無辜。丘院士這麼容易「中計」，其實反映他為人的直率與坦白，幾乎到了金庸小說裡「周伯通」的境界。這是他可愛之處。也只有這樣的可愛之人，才能把自己的種種被誤解經驗，坦然地寫在書裡。

人文與科學的研究差異

回過頭來再比較余英時與丘成桐兩位泰斗的求學與研究，我們也可以感受一下「人文學科」與「自然數理」知識探索的差別。所有的純科學研究，大概都要在單一領域「一門深入」。例如丘院士之於幾何學、楊振寧之於理論物理。丘成桐研究的雖然已經是極為寬廣的幾何學，然而無論如何，那裡的學問是要深鑽深挖，才能有所成就。人文學科的學者當然也有如此類型的，但那是因為他們都已經受到科學方法的感染或污染，已經不太有「詩書寬大之器」。

像余英時院士這樣的人文學者，我認為他們在讀書的時候，未必是「有目的」的深鑽深挖，更可能是龐雜廣泛地「無目的」吸收。人文學科泰斗的研究累積，也往往不是「一門深入」，在初始階段通常根本無所謂「門」，而是像余英時院士那樣，從上古史、思想史、《紅樓夢》、宋史、新儒家，什麼都讀，幾乎是「遍地開花」。一門深入與遍地開花，其所倚賴的智慧型態，是不太一樣的。

以我自己來說，我就比較長於遍地開花，而不適合做一門深入的研究。就任何一門知識、一種運動、一項技巧，我可以非常非常快速地從零分學習到八十分或八十五分，其速度可能比百分之九十九點九九的人都快。但是如果要求達到九十五分，則我的優勢就未必存在；真正在那個領域有天分的人，會比我早達九十五分標。例如，我學蝶式游泳，大概只花了十秒鐘：從水面上看別人怎麼游，再到水下看他們怎麼划水，我就會了，就知道手、腳、腰、頭的協調該怎麼做，而且游得非常快，應該有八十五分的水準。不只蝶式游泳如此，進入任何知識領域的門檻，我似乎都可以輕鬆跨越，經濟、法學、政治、財稅、哲學、社會、生物、音樂、運動、統計、數學等，每個領域我都「懂一點」。

也許讀者會想：在學術專業分工如此細密的時代，這樣遍地開花的雜學，有好處嗎？這個問題，我嘗試用「生物多樣性」的理論去回答。多樣化（diversity）最大的好處，是在「環境發生大變化」的情況下。如所周知，所有一門深入的專注，都不利於因應環境劇變。遍地開花的龐雜，卻往往恰能找到環境改善下的因應之道。我這樣的想法，原本只是個粗略概念，是這幾年到WTO服務，才有具體的感觸。就用WTO做個例子吧。

巨變環境下的知識因應

就全球經貿秩序而言，川普當上總統就是宇宙超級巨大的變化。我在這裡不討論他在種族歧視、氣候變遷等方面的爭議。就經貿而言，此人出牌不按牌理、講話出爾反爾、不甩多邊遊戲規則、隨意啟動關稅戰爭、冷凍科技交流、禁止出口零件……，是近百年來搖晃全球經貿秩序最厲害的人。

百分之九十九習慣於現有經貿秩序的人，對於川普之所為都感到不知所措。但是我這樣的雜家，像是多樣性比較廣的，卻能在極短的時間內理解新局勢，迅速進入狀況，迅速提出種種有利於台灣的因應。這樣一個百年難見的「黑天鵝」環境，對我而言卻是個難得的研究題材，也就順理成章寫出一些我認為有重要性的論文。黑天鵝對我而言，就只是一隻鵝。在這裡，我真的看到了知識研究「遍地開花」的好處。

數理科學研究者習慣上將「環境」視為給定的，像是一個邊界條件（boundary condition），但是人文社會學科的研究者，經常詢問「制度環境」與「均衡結果」之間的關係，例如內閣制／總統制、大政府／小政府、民主／極權等，因此我們不但不將大環境視為給定，還遊說去改變它。丘院士在書中最後幾章，對於中國科學研究環境背後的政治僵化力量，頗多感慨。但是他幫助中國的努力，似乎不受這些感慨影響。

二〇一九年六月至十二月香港局勢如此動盪，我有不少的香港學術界朋友都感到「學術研究的環境受到衝擊」；丘院士是香港長大，對於這樣的「環境改變」一定也感觸良深。我希望，他這麼有學術分量的人，能夠協助改變香港的邊界條件。

每個人的一生都有幾何變化

以上，也是我自己三十年學術研究、六年政府服務的感觸。學術研究形塑了我個人的 shape of life，而到政府工作、研議科技政策、討論資源分配、扭轉台灣國際經貿環境，我其實是在影響千萬人的 shapes of lives。一旦摸索的不是大宇宙的幾何圖象，而是一個國家社會的圖象，我就必須要把體制環境的種種限制，納進摸索的範圍。

在丘院士的書中，宇宙幾何與學術研究是合而為一的。但是對我而言，偏偏在整體經貿方向與個體學術研究之間，存在著太多社會制度層面的斷裂與奇點（singularities），使得理想追求與個人學術之間，不再屬於同一個拓墣架構。這中間的差異，也許有可能用微分方法點滴修正彌補，但是這樣的工程，古往今來又有幾人成功？

記於二〇一九年十二月

延伸閱讀

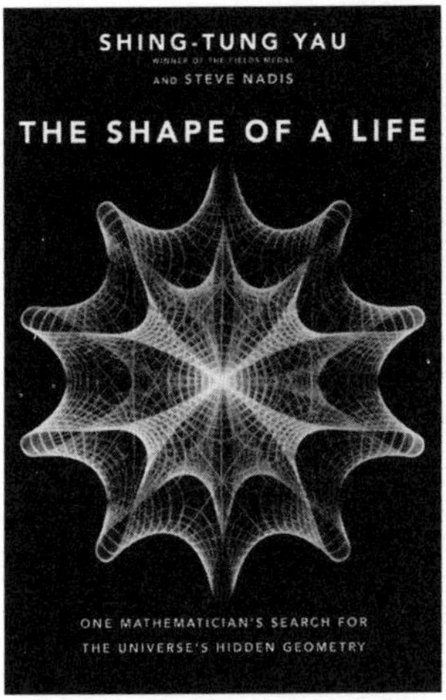

Yau, S. T. & Nadis, S. (2019). *The Shape of a Life: One Mathematician's Search for the Universe's Hidden Geometry*. Yale University Press.

《漢寶德談美》，牧羊人談「功夫」

二〇一七年有一場「打架」被全程錄影網路流傳：某位格鬥壯漢數十秒內擊倒了一位所謂太極拳「名師」。因此網路上就出現一堆評論，說某門某派沒有真功夫啦、某些拳術都是表演造假的啦。牧羊人來自學界，由於認識幾位有造假紀錄的教授，一聽到「造假」二字就頭皮發麻，碰巧又懂得一些「功夫」，所以又要開講補課了。

補課之前，要先複習一本二〇〇四年的舊書，《漢寶德談美》。書中，作者涵蓋討論了生活、器物、建築、品味、功能、時尚各種面向的美。但是我覺得少了一項「運動」之美。談功夫，就要與運動的圓潤之美一起談。

功夫與格鬥不同

什麼是「功夫」？功夫完全不是「格鬥」的意思，「功夫」與「格鬥」的細節比較容後詳述。在此我們暫時只談功夫的定義。功夫，是在「合乎物理原理」的前提之下，做出凌厲的攻擊或是靈巧的防禦動作。像李小龍這麼小的個子，要能做到那麼靈活的閃躲與那麼威猛快速的出拳出腿，幾乎超過一般人想像的凌厲，那就是功夫。

在前段，為什麼我說要「合乎物理原理」呢？因為不合乎物理原理的動作，叫做魔術幻術、特異功能，你要信就信，要不信就不信，根本不需要解釋。李小龍「一寸拳」的演示網路上都有，大家一看就知道係金A，所以練功夫的人希望了解其訣竅而企及之：要如何才能在這麼短距離產生這麼大的暴發力？但是有些所謂功夫錄影，師父一抖，其一票徒弟就「跳躍散開」，其躍起之動作完全不合乎物理原理，那就是變魔術了。我不想說那是造假（因為一講就頭皮發麻），但是我也沒有閒功夫去「解釋」特異功能。

在合乎物理原理的前提下，為什麼李小龍能有凌厲到驚人的靈敏與爆發？這是值得探討的問題。純粹就物理而言，功夫背後有三個元素：一天賦、二技巧、三練習。天賦不用多說，它包括肢體協調、筋骨柔軟、觀摩領悟等。有的人游泳一輩子學不會游蝶式，因為身體協調性太差，但是也有人看別人蝶式游十秒鐘就會游了，這就是天賦的肢體協調性。練習也不必多說，也許有人生下來就認識之、無二字，但是絕對沒有人不練習就能一寸擊拳的。所有的功夫，都得練習，沒有例外。

運動技巧圓熟，就有韻律之美

天賦、練習之外最難說明的，就是第二項的「技巧」。電影裡我們聽李小龍說，踢腿要「腰馬合一」；馬是指馬步、腰指腰臀，但是什麼是腰馬合一？又怎麼樣才算是「合一」呢？我們再看詠春拳的教學影片，其箭拳、偏拳、獨龍拳，都說要「腿、腰、手」合一，但那又是什麼呢？太極拳經說「勁由腿發」；但是明明是「手上」卸出去的勁，為什麼是「腿發」？八極拳裡常見「上步」的動作。但是為什麼出拳要上步呢？其實前述強調的腰、馬、手合一、上步的種種描述，應該都與「勁由腿發」是一致的。

各家拳經沒有解釋清楚的，就是「合一」的內涵。我認為之所以許多人解釋不清楚，就是因為少了「科學」的串接。如果把「物理」講清楚了，技巧也就會清楚。

你如果仔細看，所有的拳勁、掌勁，都是發自於腿。許多男生當兵時練習的莒拳，出拳時強調腰部的旋轉，看起來好像與腿無關。可是腰坐在馬步之上，故旋腰其實就是源自於雙腿重心的小幅度移轉；腿與腰若能銜接得宜，則一拳拳都有一腿腿的下盤「加持」。腿比手臂粗壯甚多，加持之後威力當然會大。然而若是銜接不佳，則腿腰與手不相連結，那麼揮拳就只是「手臂動作」，威力自然不足。

因此所謂腰、馬、手合一，就是要使自己身體各部分的力道銜接相加，而不是自我抵消。銜接得好，出拳如同蹬腿般威猛，功夫的「技巧」就好。腿腰手合一推其極致，就會看到類似一寸拳那樣威力驚人的出拳勁道，那就是運動之美。腰腿手銜接得好，揮拳出腳就流暢漂亮，用肉眼看就能看出威猛。

鞭擊圓潤之美

腰、馬、手的合一聽起來頗為玄妙，我們也許用別種運動解說，就更清楚。十年前男子職業網壇發球球速極為驚人的，首屬羅迪克（Andy Roddick）。大家都知道，網球發球通常身高越高球速越快，所以伊斯那（John Isner）發球球速快不足為奇。但羅迪克身高在男子網壇不算突出，卻能球速如此，就是因為他的腿至腰至手，銜接得極為平順。

如果把身體比喻為鞭，則腿為鞭頭，手及拍為鞭尾，脊背腰臂則為鞭身中段。羅迪克的銜接好，表示他可以「身體揮鞭」極為順暢。這，就是發球的「技巧」，也是運動的流暢之美。

當然，技巧一部分源於練習、一部分源於秉賦。只有秉賦夠好的，才能在苦練之後成為一等一的高手。網球如此、各種運動如此、各種功夫也是如此。

我把身體描述為鞭，是要大家嘗試想像各種可能性。網球發球就只有一種揮鞭弧線，可是功夫則不同。我們想像鞭頭是腿，鞭尾是拳掌，這個拳掌在迎敵對陣的時候，可能擊往對手的頭、胸、肋、腹、腿。「鞭尾」落點隨攻擊目標而高低不同，但是「鞭頭」的部位卻同樣是腿。讀者就可以想像，各種招式若要都能發擊俐落，其所需要的身體銜接技巧即招招不同。也因為如此，武術上對於正拳、勾拳、偏拳、栽拳及移步箭拳等招式，各有不同的「技巧」，也需要不同的練習。

許多門派的功夫都有「型」、「套路」，都是希望練習者熟悉這些套路中不同的腿腰手銜接。各種套路打熟了，則各種不同角度的出擊皆如柔順擊鞭，那樣自然功夫深厚，也有渾然一氣的運動之美。

畫圓，越小越美

到現在為止，我都只談身體協調性的鞭擊，都只是人體物理的熟練，沒有談到許多練功夫者常說的「內勁」。如前所述，我不相信、不打算討論任何「違反物理原理」的所謂內勁。

「一寸拳」看起來像是「內勁」，但是我認為它只是「外顯身體動作極小」的「擊鞭」。功夫不但希望勁道強，也希望自己的動作小，如此才不會讓對手事先察覺。所以，當我們用腰馬旋轉而啟動擊鞭動作時，這個腰馬動作可以很大，也可以縮小。

如果功夫練習者可以嘗試不斷縮小鞭頭（腿）至鞭尾（拳掌）的外顯作動，然後照樣威力驚人，則由於外顯動作極小極小，看起來只是「身體微微一抖」，鞭擊即已完成。一寸拳，就像是沒有準備動作、幾乎沒有加速度空間的出擊。你可以把它稱為「內勁」，我的解釋卻是「在極小極小空間內完成的鞭擊」。畫圓縮小，則外顯動作的美就不容易察覺了。

功夫鞭擊的另一點困難就是：你要揮擊的對象是活動的；它會閃躲、會逃避、甚至會壓迫到你。一旦出擊者有可能受到壓迫，那麼擊鞭的角度就更受限縮。所以功夫所要練習的鞭擊，還要考量各種奇怪的角度，務必使自己能在各種情況下皆能有效攻擊。

舉例來說，如果你要用拳掌攻擊一個在你小腿前面的目標（例如對手抱住你的小腿），此時由腿而掌的角度幾乎是個倒U字形，你有辦法使出「倒U字形的擊鞭」嗎？就物理而言，只要膝、髖、脊椎、肩、肘、腕段段銜接得當，那樣這樣的擊鞭是可能的。但是可能歸可能，倒U型擊鞭有幾個人做得到、做得俐落？武俠小說上說張三丰用綿掌擊碎下跪偷襲他丹田者的頭骨，那就類似倒U字形的發勁。總之，角度特殊若要擊鞭通透，那是非常困難的。困難的動作唯有圓潤順暢至極，才可能做得到。

「氣」可以美化鞭擊

功夫講到這裡，我還沒有談到「氣」。談中國功夫不談「氣」，大概沒有說服力。關於「氣」的中醫討論，可以參閱蔡璧名教授的書。在此我只討論「氣」在運動中扮演的角色。但是既然我只討論「合乎物理原理」的身體動作，「氣」所發揮的作用，就只是「輔助物理動作」而已。要怎麼輔助呢？

我的粗淺體驗是這樣的。你想像一下「氣」在身體裡面遊走，而你可以用一個幫浦（pump）去壓縮、加速氣習流動。這個幫浦，一般稱為「丹田」。請注意，「幫浦」這個說法是沒有違反物理原理的。當你由腰腿發動鞭擊時，身體的「鞭節」包括小腿、大腿、脊椎、上臂、下臂、手掌，節節銜接不易。但是如果能夠在鞭擊同時鼓動丹田，讓身體裡的氣「平滑化」（smooth）一節一節的身體，那就會使身體的鞭子「節鞭變成軟鞭」，極為柔暢，像是經過修飾的鞭擊，因此而「勁力通透」且到位快速。一般而言，小個子能夠打出幾乎超越他們體型的勁道，十之八九有「氣」的作用。

前段雖然說「氣」是鞭擊的輔助，但是能夠輔助到什麼程度，是有相當空間的。如果我們能夠把身體的許多部分都用氣平滑化，幾乎使整個身體都圓鼓、飽滿，則身體就像是一個充了氣的袋子。當發勁的時候，由於外顯的身體動作極小，外人看起來就像是對手被充氣袋子「繃彈」而出。我雖然功不至此，卻絕對能體會如此之境界。如果「繃彈」而出，漂亮到乾淨俐落，那就是呈現勁力的俐落之美。

武功上「勁」常有不同的分類；長勁、短勁、挫勁等，都是出現過的名詞。還是用鞭擊解釋：我們可以將鞭子柔軟的送出，像是拋擲繡球一樣，那是長勁。我們也可以在擊鞭之後強抖鞭頭再急收，則鞭子會發出脆響之聲（啪）；在出拳攻擊時若是搭配這種強抖急收，就是短勁。勁若是短到急促的地步，幾乎就是個瞬間頓挫，就像是被鞭尾重擊，若受之，大概重傷難免。在同門練習時，當然都是練長勁，師父嚴禁發短勁。否則自家兄弟個個挫骨折臂，那有什麼意思？

功夫美，格鬥不美

由這裡，我們就回到「功夫」與「格鬥」的差別了。功夫是要熟練技巧，期能提升自己身體的物理能力或丹田鼓盪輔助，不論是閃躲或攻擊，都效果大增。練功夫能夠強身，危急的時候當然也能自衛迎戰。練功夫如果強調臨敵應用，當然也會有「對練」，由同門之間互為攻防。這些攻防，也是為了熟練自家功夫在臨場的種種應對變化。但是幾乎所有的自由對練，都是在練「本門」功夫、都是點到為止、都不准發短勁、都會在對手小挫時收手、都不准騎到人家身上拳如雨下（摔角與柔道在對手倒下後有「壓制」或「鎖定」，但也只是制服而非傷人）。然而前述種種功夫對練的「不准」，卻都是格鬥所允許的。

那麼「格鬥」與「功夫」的差別究竟在哪裡呢？我的看法是這樣的：功夫終究是一種運動；切磋運動當然可以，其目的在於學習彼此的技巧，進而改善精進。但是格鬥的唯一目的，就是要「擺平」對方。由於格鬥沒有門派限制，所以為了公平，各種技擊的護具全部撤除。於是，格鬥比賽的身體傷害甚至死亡極為普遍，落牙、斷鼻、角膜撕裂、腦震盪等時有所聞。

此外，由於格鬥沒有護具，故經常是「一次猛烈攻擊決定勝負」。這與有護具情況下「多次攻擊防守，計分評點」的情況非常不同。換言之，有護具、不追擊對手的功夫比賽是「大樣本平均數分析」，而格鬥比賽卻是「極端值統計量分析」。正因為格鬥只注重「擺平」，它相對而言重視瞬間速度與暴發力，「技術」反而退居次要。因此在格鬥場上，只會出現暴發力強的年輕小伙子，不可能出現張三丰這種老人家。小說上老和尚、老道士瞬間撂倒年輕人的場景，格鬥場上絕對不會出現。

打架，絕對沒有美的成分

說了這麼多，大概已經解釋清楚功夫與格鬥的差別了。我喜歡幾乎所有的運動，因為運動都含有「美」的成分。蝶式游泳，美；撐竿跳過桿，美；百米衝刺，美。功夫裡的擊鞭，也是一種美；縮小腰馬作動的幅度而極少外顯，是一種美；丹田鼓盪之下將對手長勁飄然送出，也是美。但是粗野的格鬥不美、打落別人的牙齒不美、打到對手眼睛流血更是殘忍。功夫有運動之美，格鬥只有殘暴的野蠻摧毀，根本沒有運動之美。

任何一個功夫門派的所謂大師，想靠格鬥獲勝而取得某種正當性，我認為都已經誤解了「功夫」的意涵，已然不足論矣。不管哪一個門派出身，任何兩個人要靠「打架」拚高下，都是他們的選擇。但是打架就是打架，別說那是什麼「功夫」對決。功夫，是講究技巧與練習的技擊運動。它當然有技擊之用，但是不必靠格鬥那麼殘忍的比賽去證明。

記於二〇一七年五月二十一日

延伸閱讀

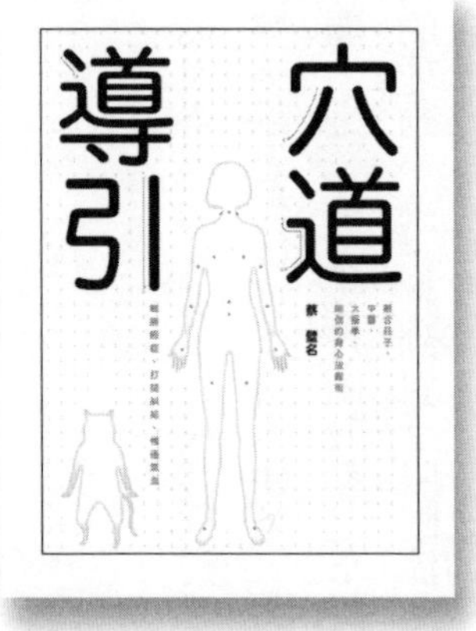

《穴道導引：融合莊子、中醫、太極拳、瑜伽的身心放鬆術》，蔡璧名，天下雜誌，二〇一六。

《漢寶德談美》，漢寶德，聯經，二〇〇四。

米其林於我何有哉？

我對於好餐廳的定義非常簡單：自己願意花時間、花錢去吃飯的地方。

我當然不是豪門巨富，「花錢」吃飯是會痛的。如果再加上時間，那麼要求的回報當然更高一些。如果不花錢、不花時間，也有其他的選擇：在家隨便吃個麵疙瘩、到附近買個臭豆腐，或是煮十五粒水餃，也可以打發。你如果要我放棄這些打發性選擇，勞師動眾去外食，還能心甘情願地做這個決定的，它就是家好餐廳。

要我掏錢吃飯？不容易！

聽起來不難吧？錯了！過去四十年，大台北地區我願意花錢、花時間去吃飯的地方，只有兩家。可惜現在都收了，老闆一位去上海，另一位已經去世了。

西餐，在麗水街。他們的牛排大概有十幾種，都是醬汁（sauce）的學問。我不喜歡現在牛排全是低溫熟成，然後用高溫烤箱烤，沾鹽或是沾芥末吃。那樣的烹調像是「科技業」，不是服務業，更沒有烹調藝術可言。牛排熟成靠冰箱溫控，火候靠烤箱時間控制，全是電子控制的機器。烹調若此，不是科技業嗎？鹽與芥末是現成的，又哪有什麼廚師角色？難道牛排店主廚的角色是拌沙拉、烘麵包？

牛排的一大學問就是醬汁。醬汁「必定」由熬煮湯底開始，大骨、老母雞、烤骨髓汁，熬上三、四天是稀鬆平常，從一滿鍋熬到一小碗，珍貴無比。湯底對了，最後配上紅酒、芥末、蘑菇、干貝、松露、鵝肝、龍蝦等，無論搭配什麼皆無往不利。北義大利的牛排，肉質與醬汁的功夫，我認為是四比六。現在完全著重肉質沾海鹽的吃法，像是舊石器時代的品味；真抱歉，我不太願意「付錢去體驗舊石器時代」。

虛浮膚淺的所謂「創意料理」

由於最近流行原味料理，醬汁的功夫少了，牛排本身又醜醜的，不夠炫，怎麼辦呢？坊間又興起另一個歪風：所謂創意料理。我們這種做研究的人最清楚：天底下哪有那麼多創意？於是，上主菜端上臉盆大個盤子，上面一小片杯口直徑的肉，上緣配一根乾癟樹枝，盤子上撒上幾滴由小漸大的、嚐之像是油膏的黑點。這是創意？也許我台大待久了，直覺上這是「研究創新造假」！這種西餐，我不願意「付錢配合造假」。

至於中餐，我當年唯一願意付錢去吃的，在安坑。老闆與老闆娘很有脾氣，但是與我頗為投緣。後來熟了，他們願意為我做平常不賣（因為不容易賣什麼高價錢）的菜，例如大滷麵、兩面黃、醋溜高麗菜、蔥燒豆腐、紅燒牛筋、滷豆乾花生等。

這位老闆怎麼個厲害呢？我用個比喻說說。

有些歌，大概某人唱過之後，別的歌手就不敢唱了，因為「自嘆不如也」。像是〈Are you lonesome tonight?〉好像沒有人敢和貓王拚吧？像〈小城故事〉，好像沒有人敢和鄧麗君比高下吧？像〈Ben〉，好像沒有人能與 Michael Jackson 對唱吧？這些歌，我們大概不會想聽別人唱的。安坑這家餐廳老闆，他的一些菜，我認為「你只要吃過，就不想再吃別人做的」。

蔥燒豆腐上桌，食客不但「爭食」，而且先約好「我要帶剩下的汁回去」，明天帶便當。醋溜高麗菜，這麼普通的菜，真不知道他怎麼弄那麼好吃，似乎是糖醋透過大火燒炙，浸透到菜裡。再說他的牛肉麵，台北所有我吃過的牛肉麵，跟他比都頂多七十五分。每一塊牛肉，香味都直沁肉裡，也不知道他是怎麼燒的。即使老闆娘凶巴巴的，我經常願意付錢去吃。

米其林排名的台北餐廳呢？

看看二〇一八年公布的台北米其林餐廳，有幾家是不錯的，但是真的要我付大錢？嗯……要考慮。剛才說的安坑餐廳好到什麼程度呢？二〇一八年十月返台，因為許多朋友過生日，我們約好十人，想要請他做一桌。我在兩個月前親自打電話到上海，請廚師回來做一頓，我們付廚師夫婦機票，以及支付他們認為合理的做菜價錢。老闆答應了，我們吃了，眾人皆曰：「善，是之為佳餚也。」Yes we are willing to pay to dine.

米其林？嘿嘿！Not even close!

二〇一八年公布的台北米其林星級，好幾家我都去過，說說感覺吧。

有一家，我猜每天要用掉一大盒味精。那個炸排骨的味精味，與巷口七十元排骨便當差不多。炸排骨需要味精？吾未之聞也。另外一家，以壓榨內外場剛畢業的餐飲學生著名；不給加班費、付最低工資……。我真希望政府能夠查一查這種餐飲的血汗工廠。製程剝削勞工，與食材不環保，有差別嗎？還有幾家，牛排不懂得剔筋，嚼到最後只好投降，吐出一口肉筋難嚥難分的肉渣。牛排這樣也敢賣，絕對不是餐飲業。業主開在科技園區附近，好像是在欺負科技從業人員。

餐廳環境怎麼評分？

米其林評鑑還包括用餐的環境：噪音、擁擠、服務態度等，應該都是評鑑的項目。大家熟知的鼎泰豐，人聲鼎沸，但因為餐飲特色是小籠包類的傳統麵點，吵鬧一些好像也算「應景」。但是餐廳裝潢呢？二〇一八年得星的一家餐廳，其內部裝修愛用黑色，燈光昏暗，好像「除了菜色，不讓你看到任何東西」。這不是我一個人的感覺，而是許多朋友的共同觀感。

好友楊子葆述說一次米其林經驗：他與朋友千辛萬苦去日本握壽司天王小野二郎的店，品嚐天下第一的握壽司。老師傅上了一道，他們幾位朋友邊吃邊聊，結果楊兄大概多說了一兩分鐘，讓壽司「涼了」，老師傅二郎就把壽司收走了。怎麼樣？你有本事繼續聊啊！我不給你吃了！

子葆兄說他一則錯愕一則「恐懼」。吃飯吃到有這麼大的壓力，這用餐還有什麼樂趣可言？米其林究竟是在評鑑菜色，還是在評鑑用餐？如果是評菜色，那應該是「烹飪比賽」而不是餐廳評分；如果要評鑑餐廳，當然就要「以客為尊」。我們去吃飯，上菜之後菜就是客人的「財產」。客人要如何「處分」財產，餐廳業者怎麼可以「越廚代客」呢？

餐廳的規模有差別

說到小野二郎，大家都知道他一天只接待十幾個客人。也許是因為每個壽司都要老師傅親手「握」，他根本不可能同時服務太多人。網路上說，小野二郎餐廳每人收費平均九千元，每日收入十幾萬，扣除食材、租金、服務生等支出，年賺大約一千萬台幣。但是這種收入與麥當勞、漢堡王等連鎖餐廳比，根本是九牛一毛。

我的一位朋友在二〇一五至二〇二〇年在四維路巷子裡開了一家小餐廳，坐滿了頂多二十五人。老闆也是大廚有句名言：好的餐廳，一定是大廚每天去菜市場買菜的。的確，餐點的源頭是食材；蔬果、海鮮、肉品、香料，都要靠大廚的鼻子做初步篩選：只有小野次郎自己才能判斷要採用什麼魚肉，別人完全無法「越廚代庖」。也只有客人人數少，才有可能由大廚下海挑食材。麥當勞的老闆每天的工作就是看財務報表，絕對不包括「替餐廳決定該用哪些牛肉」。

前文說到，我們一群人請師傅專程為大家煮一桌菜。他回台北之後，第一天清洗久未使用的水族箱，第二天跑去石門水庫釣魚，準備兩天之後做食材。結果，可能因為水族箱久未用，魚死了一隻，老闆第三天再抽空又去釣了兩條魚。我們第四天吃到的豆瓣魚，就是這麼新鮮。一流廚師的執著，就是這樣。但是也只有規模小的餐廳，才有「老闆挑選食材」的可能。

牧羊人退休之後的想像

我是超級喜歡美食的。一九九一年我在史丹福大學訪問的時候，因為當地氣候好，經常有機會在太陽天烤牛排，累積下來大概烤過兩千塊牛排。醬汁，則從最簡單的火焰芥末醬開始嘗試，完全沒有加高湯底。憑著這一招半式的三角貓小把戲，我也號稱「會做牛排」。我常向朋友吹噓：全台灣我應該是唯一「招待過三位諾貝爾獎得主」的牛排廚師。這三人分別是：李遠哲、James Heckman、Oliver Williamson。

對於醬汁，我也是超級著迷。聽說法國頂級餐廳的大廚，平時都訓練徒子徒孫做菜，他只是站在廚房上菜出口，對每一盤要送出去的主菜，用食指抹一下醬汁，嚐嚐味道，就大概能夠判斷菜質菜色了。醬汁通不過他的食指，菜就出不了門。

我想像中的退休生活，就是沉迷食物料理的生活。為此，二〇一九年裝潢新居，就好好設計了超大的廚房。內廚房「熱炒區」，三口瓦斯爐；外廚房一字長廚房，外加中央島，做為「麵點沙拉料理區」。飯後，有進口咖啡伺候。為了餐廳大，客廳變得小小窄窄。為了食材烹調，廚具道具一應俱全。什麼都準備好了，只差「大廚」。

二〇一六年赴任WTO大使之前，我被媒體誣陷「曾經詢問能否帶肉包入境瑞士」。其實我自己早就是包肉包高手，二〇一六年前來我家吃過肉包的名人包括林全、翁啟惠等，他們都讚不絕口。在WTO任大使三年，每次家中宴客都有「大使肉包」一道菜。二〇一九年春節晚宴，我更親手包了五百個「十六褶」的肉包。如果真要吃肉包，在瑞士當地包不就好了？鹹金病才會在台北包好帶去瑞士！若干媒體人之「毀人不倦」，可見一斑。

退休之後的我，想做大廚，烹「院士牛排」。只是，我還不太有這個膽。萬一手藝不怎麼樣，學術界一世英名，一旦毀於廚藝，這怎麼算都划不來！

記於二〇一八年三月十五日

修訂於二〇一九年十二月

延伸閱讀

《皇上吃什麼》，李舒，聯經，二〇一九。

《國宴與家宴》，王宣一，新經典文化，二〇一六。

經濟學家讀生物演化

達爾文（C. Darwin）寫《物種原始》（*On the Origin of Species by Means of Natural Selection, or the Preservation of Favoured Races in the Struggle for Life*）已經是一百五十年前的事了。我很難理解，什麼樣的人能夠做出如此驚人的思想跳躍，引領我們一百多年的思考與探索。

直到今天，電視的探索頻道（Discovery）經常談到生物演化的種種現象。我們說「物競天擇」，就是說生物會逐漸演化出最能符合天擇要求的特徵：例如，豹要跑得快、蛇要有保護色等等，這些特徵統稱為演化適應度（fitness）。這些特徵演化可能要耗上幾百年，而且是隨機隨勢發展而來，但長期而言，物種的演化看起來幾乎像是各個生物「刻意」去追求適應度一般。

在地球上，適應度不佳的，都已經被淘汰了。

演化世界裡的經濟學

從這個角度來看，生物的演化過程真的很像經濟學的分析。經濟學家探討廠商如何在技術資源限制之下追求增加利潤，而生物則是在身體與環境限制之下追求增加其適應度。對經濟學裡的廠商而言，他們有一定的預算，而將它分配在雇用勞工、購買原料等。對動物而言，牠們有一定的「能量」，用這些能量去長肉長筋以強化自己的覓食能力，去修補細胞或器官以求延長壽命，或是去製造精子卵子、進行性交以繁衍後代。

動物分配能量在這些用途，以增加其繁殖率，這與廠商分配預算以增加利潤，有什麼不同呢？如果經濟學能分析企業追求利潤，為什麼不能分析生物演化呢？

每一個物種追求其淨繁殖率的提升，但是在演化的長期均衡裡，每個物種的淨繁殖率卻一定是零。如果長期某物種淨繁殖率大於零，則該物種的數量應該已經爆炸；這是沒有發生的事。如果該物種長期淨繁殖率是負的，則該物種應該已經消失，我們今天根本觀察不到它。因此，今天存在的物種，都是「在追求淨繁殖率極大，但是長期淨繁殖率是零的」。這與完全競爭均衡所描述的「廠商追求利潤極大，但均衡利潤為零」，不是很像嗎？

為什麼哺乳類長壽？

我關心的生物演化議題，與「人」所屬的生物大類（哺乳類）有關。一般而言，哺乳類的壽命平均都較長，比爬蟲、兩棲、昆蟲等物種活得都久。這似乎表示哺乳類把較多的能量放在保養身體。我們會好奇：為什麼會這樣呢？為什麼「哺乳」與「長壽」有觀察上的正相關呢？再進一步問，哺乳類有什麼特性呢？這些特性會不會有利於該物種往「長壽」去發展呢？

所謂「哺乳」，就是生物初生之際需仰賴母親之奶水而活。有許多哺乳生物（如人類、海豚、猩猩），都是在斷奶之後，子女還是無法自行存活，還得仰賴父母供給很長的一段時間。父母在外採集狩獵，將食物帶回給子女食用，此時子女所食雖非母乳，卻仍然是父母所提供的營養。我們把此種父母對子女提供的食物（包括母乳在內）與支援統稱為移轉（transfers），而子女仰賴父母移轉而存活的時間，稱為「倚賴期」。

一般而言，如果子女在倚賴期間父母突然死亡，則這個子女由於本身沒有謀生能力，自己能夠存活的機率也會很低。因此，如果某個物種的生存樣態是子女有極長的倚賴期（或父母提供極長期的移轉），如哺乳類這樣，則這些子女的父母最好是「活久一點」，否則其子女也將因失去倚靠而死亡，這將不利於物種之適應度。

靠父母庇陰長智慧

換個角度來看，如果某物種的子女有很長的幼年期，但父母的壽命竟然不長，則其子女夭折的機率就會升高，整體的繁殖率就會下降，不利於其天擇，這類物種能夠在演化壓力下留存下來的可能性也就甚低。總而言之，我們可以建立一個「幼年依賴期長的物種通常壽命也較長」的命題。

子女倚賴期間長，沒有父母照顧就活不下去，對他們有什麼好處呢？其實，年幼的依賴期正是動物長肌肉、長腦子、長經驗……的好時機。在父母照顧之下，他們可以放心地觀察、模仿、學習……。大部分的「智慧」，都是動物在年幼時期培養出來的。所以年幼期間長，是該動物長大時能夠擁有高智慧的關鍵。

順著這樣的邏輯往下推演，我們還可以解釋若干哺乳類的其他特質。例如，科學家發現，人類「停經」的現象在生物界極為少見，此種演化結果背後一定也有一些天擇的道理。所謂「停經」，是指母性生物停止排卵後還繼續存活一段期間。

「停經」之後，為什麼還能存活？

照理說，能夠在天擇環境中存活下來的物種，都是很能成功繁衍後代的物種。如果生物做不好這項工作，久而久之其後代就會日漸稀少，他們也就漸漸會被天擇所淘汰。母性生物停經後即不再排卵，表示不能再繁衍後代，她的存活對於物種的演化就沒有好處。因此，停經的母性生物從天擇的角度來看「根本沒有存活的價值」，所以生物界不應該出現停經這種現象。

但是科學家後來又發現，其實生物不見得要自己繁衍子孫才算是對演化有貢獻。事實上，許多生物的祖父母雖然沒有生育力，但他們仍然有能力照顧孩子、看守洞穴、幫忙維持秩序，這些也都是貢獻。正因為子女有祖父母代為照顧，年輕力壯的父母親才得以有空閒去專心狩獵採集。於是沒有生育能力的祖父母，事實上是透過「幫忙家庭後勤」的方式，間接幫助年輕父母的生育重任。正因為如此，「停經」的祖父母仍有繁衍的價值，因此停經並不會在演化中被淘汰。

這樣的知識你以為只是生物學家的貢獻嗎？錯了，作為社會科學的一支，人類學家其實也有相當的貢獻。人類學家花了許多時間在中南美洲的原住民部落做田野調查；他們針對最原始的採集狩獵民族，觀察原住民的生育、覓食、燒飯、製具、顧家等行為，做詳細的記載，以確切掌握父母親與祖父母的角色。研究的資料證實，祖父母確實是專精於顧家雜務，而年輕父母確實是專精於生育覓食。這些生育數據也顯示，如果祖父母死亡而這些工作全部丟給年輕父母親一手包辦，反而將減低成功孕育子女的機率。

反L字型的一般生物死亡率

如前所述，對所有的生物而言，他們若要在大自然中適應天擇的競爭，都需要將其能量在生育、保養、成長三方面做適當的配置。自然界中生物最大的目的就是繁衍後代，因此生物也該竭盡所能「保障」其繁衍能力。例如，假設黑猩猩八歲時生殖能力達顛峰，那麼牠們八歲時對應的存活率就應該最高，否則若是在繁殖力的顛峰亡故，對於該物種的存續損失極大。

同理，如果黑猩猩的生殖力在九歲以後漸走下坡，那麼存活率也就會逐年下降，否則也是另一種浪費，因為較低的繁殖力只需要較低的存活率予以保障。以上的敘述對於所有的生物都是正確的，所以演化生物學鼻祖漢米爾頓（W. D. Hamilton）早在四十年前就指出：「生物的死亡率應隨其剩餘繁殖力之下降而上升。」這就是一般所謂的「老化」（senescence）。

就絕大多數的非哺乳類生物而言，如果我們以橫軸為其年齡，縱軸為其死亡率，漢米爾頓發現：「死亡率在物種達到有生育能力之前，為固定數；在有生育能力之後，逐年提高，直到死亡，呈現反L型。」為什麼達到生育能力前為固定常數呢？原因是這樣的：假若可生育年齡是三歲，出生至一歲、一歲至二歲、二歲至三歲的存活率率分別是P1、P2、P3。由於此生物必須要活到三歲才能生育，故有能力繁衍後代的機率為P1xP2xP3。由於這三個數字是連乘積，所以追求繁衍機率極大的物種沒有道理要偏重P1或P2或P3，故極大化的結果必然是P1=P2=P3，表示此物種在達到具生育力之前，存活率都是常數，故死亡率也都是常數。

倒U字型的哺乳類死亡率

可是對於哺乳類等父母對年幼子女移轉頗多的物種而言，影響老化的因素卻又多了一項。漢米爾頓的推理只能解釋已經成年、具有生育繁殖能力哺乳動物的死亡率，卻不能解釋未成年、未具生育能力的死亡率。以人類來說，其新生兒的死亡率頗高，然後逐年下降，至成年達到谷底，然後死亡率才依漢米爾頓的法則逐年攀升至老年。所以，人類與哺乳類在年齡／死亡率的圖形是U字型，而非其他生物的反L型。為什麼哺乳類的嬰兒死亡率都偏高呢？其中有什麼演化的道理呢？其實，這裡的生物學知識不多，卻都是會計、經濟、成本效益的簡單計算。

假設新生嬰兒的體質不佳使其死亡率高，那麼父母親大不了再懷胎、再生一群小孩，其對族系繁衍的傷害還不算大。但如果這些不佳體質要拖上十年才出現，則哺乳動物的父母親得花十年的移轉、照顧、教導，才面對孩子的亡故，那麼這十年間的移轉、照顧就形同白費，對父母而言能量損失過大。因此，對於跨代移轉量極大的物種而言，小孩子「最有效率」的發病死亡模式，是「早發現不對勁、早些發病、早些死亡」，而不要拖到後來，「浪費了父母的養育之恩」。換言之，如果人類的幼年期有十五年，十五歲起開始有繁殖能力，則對父母而言，最浪費的死亡模式是「十五歲死亡」，而最節省的死亡模式是「新生兒死亡」。

物競天擇會逼迫物種選擇最節省、最有效率的競爭模式，因此最後存活的哺乳類，一定具有隨年歲遞減的幼年期死亡率形態，即年幼時死亡率高，剛成年時死亡率低，如U字型。這樣的結論全屬成本效益分析，卻已得到生物學界的肯定。

當然，這些觀念也不是全然無用。全球知名羅氏大藥廠的CEO曾經指出，由於開發新藥的時間長、失敗率高、投資研發時間長，所以藥廠的研發管理首要任務就是要做到 early kill：在新藥研發的早期，就發現「前途黯淡」的新藥嘗試，然後早早終止它，不要再浪費資源。的確，對所有科技研發，early kill 都是一個符合成本效益的策略。這些策略與推理，與生物演化的邏輯是一致的。

孔雀開屏在傳遞什麼訊息？

大家都知道，孔雀開屏是公孔雀用來吸引母孔雀的方法。但是達爾文在寫《物種原始》時就已經注意到此中可能的學理矛盾：有不少公孔雀的尾巴（屏）大到有些過分，其實在掠食者攻擊時不利於其逃遁，增加其死亡率，應該是不利生存的。如果「物競天擇」的假說是正確的，那麼為什麼公孔雀會演化出這些不利逃遁、降低存活機率的長尾巴呢？

對於前述學理矛盾，生物學家費雪（R. A. Fisher）曾經提出這樣的解說：假設公孔雀有某種控制尾巴大小的基因，而母孔雀有某種控制「是否會被大尾巴公孔雀吸引」的基因。如果有部分母孔雀確實會被大尾公孔雀吸引，則有大尾基因的公孔雀與母孔雀交配的機率就比較高，於是牠們的大尾基因就比較容易留下來，形成了大尾孔雀基因被「性擇」的結果。即使大尾巴公孔雀不利逃遁，但是更高的交配機率彌補了這個缺陷，使得牠們的淨繁殖率還是大於小尾巴孔雀。

可是，費雪的這個解說合理嗎？在這個故事裡，大尾巴一點實質好處都沒有，只是母孔雀莫名其妙地喜歡大尾巴公孔雀，居然整個族群就往「成功逃遁機率較低」的方向演化，這是非常詭異的演化推論。演化會產生這麼莫名其妙的結果嗎？公孔雀有漂亮的大尾巴，就像是男人長得「帥」一樣。但是帥男至少不會該逃命的時候行動遲緩，而大尾孔雀卻有此弱點，有點像是「致命的吸引力」。

公、母孔雀之間的「資訊不對稱」

我們先來推理，前文費雪的理論究竟錯在哪裡？這個理論承認孔雀大尾巴確實有不利逃遁的缺點；大尾巴除了利於「把妹」之外，確實沒有任何實質優勢。這種「只有缺點沒有優點」的空心蘿蔔，其實是「很脆弱」的均衡。只要自然界存在一點點其他的成本，則空有外表（大尾巴）的孔雀就可能原形畢露，不會再被母孔雀喜歡。生物學家已經證明，只要母孔雀尋找大尾孔雀有一咪咪搜尋成本（例如跳高一點探頭，花掉一卡路里張望四周），則費雪的理論就不成立。當代演化生物學的共識是：要解釋公孔雀的大尾巴，必須要仰賴「訊息不對稱」的均衡理論。

在天擇之下，雄性要吸引雌性交配，都要顯現出「我強壯、我肌肉結實，最能在艱困環境中存活」等特徵，希望雌性看上眼。可是有時候，偏偏這些「強壯」特徵難以呈現。雌孔雀挑伴侶，就像是富家女挑男友，當然希望挑個「愛她心而不是愛她錢」的，但是偏偏每個男生都會大聲說「我愛你的心，絕對不是愛你的錢」，富家女苦於無從分辨。孔雀亦然，母孔雀很難分辨哪隻公孔雀的「品種」比較好，是真的強壯。

在演化過程中，一個能夠讓強壯孔雀凸顯其真正強壯的辦法，就是「呈現弱點」。如果公孔雀長了兩公尺長的笨拙尾巴居然還活著，那就等於明白告訴母孔雀：「妳看，我尾巴大成這樣還活著，可見我多強壯、肌肉多結實，才可能在掠食者來襲時逃脫。」只要這個「大尾巴開屏」的訊息確實與體格強健相關，而且是弱孔雀模仿不了的，那麼「大尾開屏」就是一個有區辨鑑別力的強壯孔雀的求偶訊息。易言之，孔雀演化出近乎笨拙的大尾，是公、母孔雀在不對稱資訊之下，強壯公孔雀所演化出來的「傳訊」策略。這個假說，是百分之百的資訊經濟學，卻在演化生物學上扮演了關鍵的角色。

演化生物學上用英文「handicap」這字描述「呈現弱點」，讀者可能覺得奇怪。其實，高爾夫球高手對弱手的「讓桿」、「拉遠開球距離」也是用 handicap 描述。孔雀大開屏，正是生猛孔雀對肉腳孔雀的讓桿表現。

初稿記於二〇一九年二月二十五日

修訂於二〇一九年十二月

延伸閱讀

Wachter, K. W., Finch, C. E. & National Research Council (US) Committee on Population (1997). *Between Zeus and the Salmon: The Biodemography of Longevity.* National Academies Press (US).

Zimmer, C. (2011). *Evolution: the Triumph of an Idea*. Random House.

「學界大咖」與「大學者」，差別在哪裡？

二〇一五年十二月中旬，哈佛大學法學院法哲學教授桑思坦（Cass Sunstein）來台灣訪問，我聽了他兩場演講，事前讀過他的一些書，那幾天也有機會在吃飯時與他聊聊。二〇一三年，另一位哈佛大學政治哲學教授桑德爾（Michael Sandel）來訪，此人也是大大有名。兩位桑氏都是有群眾魅力的學者，前者 *Nudge* 一書（中譯《推力》，時報出版）據說全球大賣七十五萬冊，而後者教學影片的開放上線更有上百萬閱聽人。

桑思坦是學界大咖

可是拿兩位桑氏與哲學家德沃金（Ronald Dworkin）或羅爾斯（John Rawls）的著述相比，我喜歡後兩人多得多。有人說桑思坦文章被引用次數是德沃金的兩倍。但是我不認為跨領域之間這引用次數有什麼指標意義。桑思坦的著作大量引用經濟學裡行為學派的方法，也常與經濟學家合寫文章。由於經濟學文章在社會科學之間引用較廣，且經濟學文章的論文索引置於文章末尾的傳統，也較法學索引置於各頁備註的方式容易計算引用，故法律經濟文章引用次數較傳統法哲學、政治哲學為多，並不稀奇。

我喜歡羅爾斯與德沃金的著作，主要是因為他們的架構宏大、思考完整、論述鏗鏘有力。他們勇敢面對大問題、挑戰既有理論、再提出堪稱圓融一貫（coherent）的圓滿架構；做學問，就該「大丈夫當如是也」。此外，當他們思考理論架構的時候，通常對問題有一種發自內心的人文關懷。讀他們的文章很自然地就會被他們的人文關懷所感染，而由此而得到的體驗，其實更為深刻。即使讀後許久，重拾再閱心中都還有感動。這就是他們學術貢獻偉大之處。

然而在科學方法論的感染下，現在許多社會學科甚至人文學門的研究，都走向輕薄短小的岔路。他們的著作有一些像桑思坦所描述的「司法極簡主義」（judicial minimalism）：處理的問題不要大、分析的層次不要深、涵蓋的範圍不要廣。這樣的所謂極簡主義，敵人比較少、評審比較不會有負面意見、發表的文章數也會比較多，容易升等，也容易得到學術動章。某日午餐時我向桑思坦開玩笑說，這是一種「學術極簡主義」（academic minimalism），是科學方法論影響下的病態產物。我的笑話是譏諷性的，但是在開放的笑容與餐敘的禮儀包裝下，看起來純粹是玩笑。

科學主義下狹窄發表的侷限

我當然不是因為司法極簡主義與學術極簡主義幾個字的字面演繹，而在此探討桑思坦教授的論點。以下我就桑思坦教授一二推論，做一些討論。

桑思坦在演講中提到關於動物權利保障的論述，他認為，動物不應該承受不必要的痛苦；這個觀點大部分人應該都會同意。但是什麼叫做「痛苦」？這是一個值得深究的問題。毆打、虐待貓狗，當然是牠們的痛苦。但是其他面向呢？

我們反對宮刑，因為它永遠剝奪了人的生命繁衍權利與性生活。在歐美，極高比例的寵物是閹割的。當我們對這麼高比例寵物實施閹割，剝奪了牠們繁衍的權利與性生活愉悅時，這樣的系統性剝奪權利，算不算是另一種形式的加諸痛苦？這樣算不算侵犯牠們的權利？對高比例被閹割的貓狗，不談閹割本身對牠們權利的侵犯，卻討論牠們的其他「痛苦」，我總覺得有點本末錯置。

此外，桑思坦教授似乎也忽略了人類與動物共同演化的歷史。什麼時候動物開始被人蓄養？什麼時候「動物」開始變成人的「寵物」？有科學家說：狗向人類「放棄了牠們自由的權利，以換取人類穩定提供的食物」，或是換得穩定的生存權。這樣算不算是狗狗事前對人類簽署了「自由讓渡同意書」？如果可以這樣想像，那麼從演化上看，「權利讓渡同意書」的內容大概是什麼呢？是「自由權」換取「生命權」？事後，狗狗能不能要求修改呢？如果不能修改？怎樣才算是人類毀約呢？

懂演化，才真正了解動物的「權利」

總之，要深刻認識動物權，一定要先了解動物與寵物的演化歷史。這些歷史不但戴蒙（Jared Diamond）的《槍炮、病菌與鋼鐵》有極佳論述，也是當今考古人類學家判定遺址演化階段的重要參考。但是桑思坦教授沒有太多探討，就進入貓狗「訴訟代理人」的現代觀念。這樣，似乎是容易進入快速寫作、極簡研究的陷阱。

另外一個我想要探討的桑思坦著作，就是他的暢銷書《推力》。我在幫該書寫導讀時就指出，作者所謂的「推」，是指經由某位資訊優勢者的提醒，而讓人們做出對自己更有利的選擇。但是，作者雖然臚列了許多輕推情境的條件與原則（例如要留給人們相當的選擇空間），卻始終沒有交代「輕推」這個動作的主詞是誰、受詞又是誰？誰能決定自己是資訊優勢者、自己看得比別人清楚、自己可以決定自助餐菜色的排列、自己是智識優越者、自己能推別人而不是被別人推的人？

行為經濟學家用實驗方法、賽局分析、資訊瀑流（information cascade）理論，驗證若干人類「不理性」的行為模式，進而論證政府有時應該用更積極、更干預的方法，去引導不理性的人，讓結果更為有效率。說實話，我並不完全同意這樣的論述，也認為如此的推論失之「極簡」。

廿年前，台灣大學曾經有人開出「寵物保健」、「寶石鑑定」的通識課程，受到強烈的抨擊。但是即使到今天，我們還是經常看到「禪修與起居」、「化學與生活」、「植栽布局」、「日常法律入門」之類的通識課程；這些課程與前述動物保健課程，真的有優劣之別嗎？

極簡背後，往往缺少通識

假設動物系的教師可以開一門「寵物源起」通識，解說人類什麼時候開始馴化野生動物、不同地理區域馴化動物之差異、被馴化動物的演化模式產生什麼改變、考古遺址發現馴化動物與人類聚居是歷史上什麼時候開始的、馴化動物對傳染病有什麼影響、馴化而畜牧的生活與狩獵野生動物的游牧生活有什麼不同、動物馴化之後是否有增加人類卡路里及蛋白質的攝取、馴化動物如何登堂入室得成寵物、牧羊犬不會牧羊為什麼能存活、法律學者提倡「動物權」有沒有論理基礎……。很顯然地，桑思坦沒有這麼了解動物。他只是要寫一篇「極簡」的論文。

通識教育大師哈金斯（Robert Hutchins）曾經說，通識教育的核心概念，就是延伸貫穿；貫穿時間、貫穿地域、貫穿學科。哈氏也說，法學教育缺少貫穿的事例，就是丟下法學史、比較法、法理學的貫穿思考，只研讀「律師考試要考的」科目。桑思坦的司法極簡主義，似乎就是這種「不向外延伸」的代表。

也許再舉一個例子，大家比較能理解「通識貫穿」的意義。《雨》這本書英文書名是 *Rain: A Natural and Cultural History*，其內容龐雜，知識豐富，從地球形成初期的「一下幾千年的雨」，到雨水的歷史變化、地理分布、文化衝擊、宗教影響、因雨而起的儀式迷信等，讀起來超級過癮。當然，雨的文學、電影、氣味、預測、人造雨、水壩、水庫等主題，作者巴奈（Cynthia Barnett）一個也不放過，一路寫到近年的氣候變遷，以及雨量改變。

巴奈是環境記者，知識深度足夠在大學開一門「雨」的通識課，也難怪除了《金融時報》（*Financial Times*）與《圖書館學期刊》（*Library Journal*）的書評，連《科學》（*Science*）都會寫下這麼好的評語：本書「將會塑造與眾不同的雨迷雨狂……Barnett 透過親切又充滿熱情的文字，結合科學、歷史、幽默、軼事、詩歌和個人冒險，講述這個不拘一格的迷人故事。」這是多棒的評語！這就是通識典範。

「極簡」絕對不是「主義」

我認為，學術研究是一個極盡馳騁、絞盡腦汁的「過程」。有的人可能研究出重要結果，有的人只能寫餖飣雜文。做研究不該有什麼極簡主義；最後的研究結果若流於淺窄，是研究者不得不消極接受的結果，怎麼說也不該成為積極的主義。主義是「一種思想、一種信仰、一種力量」；餖飣雜文、一鱗片爪的芝麻結論，憑什麼成為思想、信仰、力量？

我也認為，政治哲學與法哲學都是幫助我們圓融理解社會的知識架構。司法判決的理論或哲學構思，很像是一個研究的過程，也是極盡馳騁、殫精竭慮。他們最終也許在客觀限制下只能屈居淺窄，但是在事前，我不希望他們極簡，更不希望他們在「留給民主體制或政治智慧解決」的虛幻期待下，被鼓勵走上淺、窄的思辨陷阱。

如果一定要為淺而窄的最高法院判決論述找理論基礎，我認為羅爾斯的重疊共識（overlapping consensus）似乎更為貼切。司法判決論述之寬窄深淺，其實是決定於不同意見者之間理念重疊的程度。只要重疊的部分能解決爭議，那就沒有必要去牽拖太深太廣卻沒有共識的部分。在我看來，重疊共識是一種有效率的思辨方式，而不是因為我們更信任司法之外的其他民主環節。把極簡搞成主義，其器小哉！

學界大咖成一家之言，未必有通識

《推力》一書有兩位作者，一是桑斯坦，二是塞勒（Richard Thaler）。塞氏在二〇一七年獲得諾貝爾經濟獎，其貢獻是他在「行為經濟學」的貢獻。行為經濟學分析人的可能不理性，也因此衍生出塞氏與桑思坦在《推力》一書中的論述。因為人可能不理性，所以需要「被引導」。兩位作者說，他們的論述也是一種自由主義哲學，稱為父權自由主義（paternalistic liberalism）。我不知道該說什麼。

父母親指導未成年子女，天經地義。但是以父母親的心態指導已經成年的人，這能叫做自由主義？吾未之聞也。有時候在學術界，你得創造一些炫酷的名詞，諸如「父權自由主義」。即使這個名詞邏輯不通，它只要音韻合拍、容易引起討論，就有煽風點火的功能。創造名詞的人因此成就了一家之言，其他的考量，就不關他們的事了。

初稿記於二〇一五年十二月十六日
修訂於二〇一九年十二月二十四日

延伸閱讀

《司法極簡主義》，凱斯・桑思坦（Cass R. Sunstein），商周出版，二〇〇一。

《推力：決定你的健康、財富與快樂》，理查・塞勒、凱斯・桑思坦（Richard H. Thaler & Cass R. Sunstein），時報出版，二〇〇九。

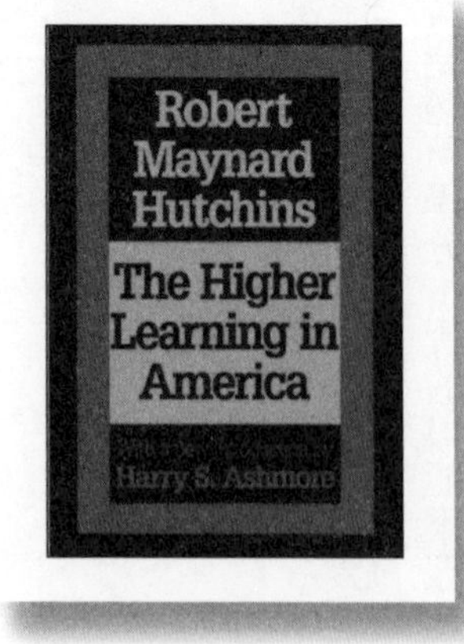

Hutchins, R. M. (1936). *The Higher Learning in America*, Yale University Presv.

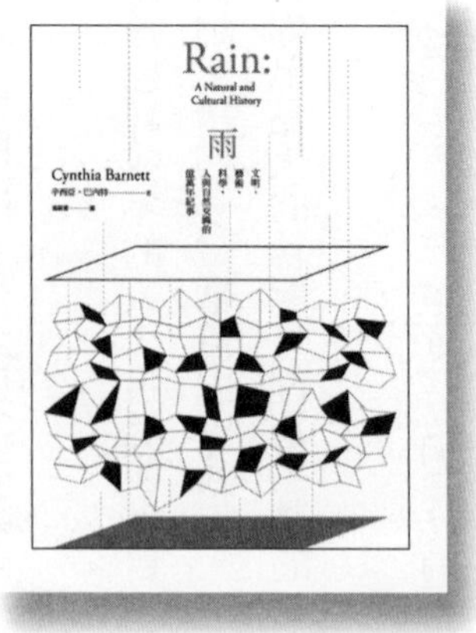

Barnett, C. (2015). *Rain: A natural and cultural history*. Broadway Books.中譯本《雨：文明、藝術、科學，人與自然交織的億萬年紀事》，臉譜，二〇一五。

評論「大歷史」撰寫的兩個嘗試

《西方憑什麼》（*Why the West Rules-For Now*）是一本相當好的書。「相當好」是學術交流用語，有所保留，但也不算負面。尤其是，這本書作者的武功路數與《槍砲、病菌與鋼鐵》的作者戴蒙非常接近，都是從考古資料出發、都有豐富的地理學與地質學的知識背景，也都是大學教授。但是我對於《槍砲、病菌與鋼鐵》是挑不出什麼毛病的、拜服的，坊間也認為那是一本經典之作；但對於《西方憑什麼》一書，我只能肯定它前面五分之四的內容。雖然它仍然是好書，但是它也有一些缺陷。以下，我就一一討論。

過去四百年強權是如何興起的？

作者摩里斯（Ian Morris）是史丹福大學歷史學系教授，對於西歐與中國上古史、考古學的研究，知識豐富，令人欽佩。《西方憑什麼》所涵括的歷史面向極廣，從幾百萬年前延伸至現在，視野宏大。本書前五分之四還沒有到近代，其內容我完全同意。但是要跨入最近五百年、解釋「工業革命為什麼在西方」，進而延伸至「西方為什麼能主宰近代兩百年」，那就稍微勉強了一點。

大體而言，作者想要論證「西方的社會結構與複雜度比較容易發生工業革命」，但是從工業革命到今日強權，其間有太多的偶然因素、經濟因素、帝國主義因素、地緣政治鬥爭，恐怕是超越了他的推理架構，硬是要推出結論，就嫌勉強了。

摩里斯用「社會評分」去刻劃社會迎新變局的成熟度，即使學界有爭議，我卻不覺得有什麼問題。那些計算評分的指標也相當客觀，包括最大城市人口數等。這些評分刻劃出社會的分工細密與協調複雜。社會評分高，表示社會面對複雜體制改變而能接納的機率高，這裡的推理沒有什麼問題。以「社會評分」觀之，十五世紀哥倫布發現新大陸、十八世紀工業革命，都發生在西方，不能說是什麼令人驚訝的事。但是事情沒有這麼簡單。

西方興起背後的歷史偶然

一、發現新陸塊與發現新「大」陸，是有重大差別的。如果當年哥倫布登陸的那塊陸地不是像美洲大陸那麼大（例如只是菲律賓大小）、不如北美洲那麼平坦肥沃，則發現與不發現，差別沒有那麼大。十五世紀時，東方的皇帝恰巧對於向外航海沒興趣、西方的國王恰巧喜歡探險，於是東西「投資標的」恰巧不同。誰知道，這一次探險投資的標的如此報酬豐厚，幾乎是地球「最大獎」，會造成天壤之別？這，是運氣，與社會評分關係甚小。

二、歷史上發現新大陸「先於」發明蒸汽機，雖然都是中獎，但是這兩個獎的次序非常重要。蒸汽機雖然改變了動力運作的模式，但是其發揮威力的「練兵場」，至少有一百年時間，主要是在棉紡業。讀者如果看《棉花帝國》一書即知，英國的機械動力革命落實在紡織機，但是要靠源源不絕、主要來自新大陸的、每年幾百萬噸的棉花提供，才能把棉紡業養得肥壯驚人。工業革命，是需要「練兵」的，而新大陸讓英國的練兵回饋豐碩，擴大了「革命成果」，更厚實了西方實力。如果工業革命之後三百年都無處練兵，蒸汽輪機的功能就大打折扣。

三、此外，發現新大陸不但方便了西歐工業練兵，也回饋了航海冒險的投資。於是造船機械工程、航海天文等科學技術，都有向上提升的動力。尤其是工業革命所帶動的機械、火器等研發，都更上層樓。事實上，要「發現新大陸刺激航海技術」與「工業革命」加在一起，才有「船堅砲利」的實現。沒有船艦，火砲很難從西歐經中亞陸路運到廣州逞威，遑論一八五三年美國黑船到日本海岸施壓。

「發現新大陸」與「工業革命」共同落實了馬漢的「海權」論述，也令東方諸國正式面對「大規模毀滅性武器」的兵臨城下。這也揭開了帝國主義的序幕。帝國主義徹底改變了幾百萬年來東西運作的漸進規則，作者完全沒有置一詞。

帝國主義宰制下，東方當然沒落

四、綜上，「發現新大陸」與「工業革命」把「東方」諸國，從歷史上東、西隔絕數千公里的分隔體系，轉變為「東方是西方殖民附庸」的混合體系。這個時候，再像摩里斯那樣去分析東西雙方的競逐，就有點不倫不類。被壓迫的東方國家除了日本，大概沒有一個成功翻身的，直到二次大戰結束。大約在一八五〇年之後，東方的發展就是附庸的，因此在邏輯上，又怎麼能分析東方與西方的競爭發展呢？過去兩百年的世界秩序，其實是幾個帝國主義強權之間的鬥爭，他們除了日本，其實都是「西方」。換言之，帝國主義與工業革命，是要合併起來討論的，但是作者只挑一個談，當然很怪。

五、如果我們將理性主義、實用主義視為過去五百年西方社會文化的主軸，則蒸汽輪機與汽車飛機的發明、鐵路的建設、鋼筋水泥建築的工法、農業耕作的改良，都是廣義工業革命的成果。這些都是新的資本財，偶爾出現，但是至少到一九七〇年之前，技術面的更新速度都還不夠快，都還稱不上是「知識經濟」，也都還在傳統經濟報酬遞減的法則主宰之下。紡織機、汽車與耕耘機等資本財是可以貿易的，後進國家只要儲蓄率高，努力進口機器，則經濟學上的「收斂法則」必然成立，使得後進東方追上西方。但是為什麼理論上的必然追上，實際上一百五十年卻一直追不上呢？一九七〇年之後新加坡與韓國追得超快，別的東方國家卻是慢吞吞，這是摩里斯地理因素解釋不了的。

六、到了一九七〇年之後，知識經濟漸漸出現了，科技創新變成系統性研發投入的自然結果，不再像一、兩百年前偶爾出現。科技研發的新知識有無敵對性（non-rivalrous）的特性，是經濟脫離報酬遞減，變成報酬遞增的基礎。西方理性主義系統性投入研發，真正可能創造「東方再也追不上」後果的關鍵，正在於此。

在知識經濟時代，再也沒有「後發先至」這種事，甚至也不會再有「後發追上」。摩氏沒有區分傳統幾萬年經濟與最近四十年經濟的不同，但是我認為，這裡的體制改變，卻是有可能造成東西方重大差異、永久性差異的。由報酬遞減轉為報酬遞增，遊戲規則應該要分開來談，但是作者卻又和在一起談，這是另一種古怪。由於現在西方還是整體領先，將來東方還有沒有可能突破，值得關注。摩氏最後一章語焉不詳，其實是凸顯他自己還沒有想清楚。

啟蒙文明要怎麼看？

平克（Steven Pinker）是哈佛大學心理學系的教授，認知與語言學習的權威。但是他寫的《再啟蒙的年代——為理性、科學、人文主義和進步辯護》（*Enlightenment Now: The Case for Reason, Science, Humanities, and Progress*），卻與心理學或是語言學無關。這算是一本解說、闡釋「啟蒙運動」的通識教育書籍，內容龐雜廣泛。如果你原本對啟蒙運動有概念，這本書幫你整理複習；如果你原本對啟蒙運動沒什麼概念，這本書幫你理解綜彙。

作者撰書的背景，大概是有鑒於當下的一些悲觀論。有些人感慨最近十幾年民粹主義當道、恐怖分子橫行、世界貧富不均惡化、中國對新疆與西藏近乎種族清洗、全球暖化迄無解方、熱帶雨林縮減、種族主義者當選國家領導人……。這些負面衝擊，使不少人產生懷疑：過去幾百年科學進步、人文價值、工業革命、民主推展等以往令我們自豪的努力，是不是有點「白搞」了？我們的社會，真的是在進步嗎？平克的著作，就是要回應以上的懷疑。

這樣的懷疑論其實並不新穎；早在兩千多年前，老子在《道德經》裡就有一般性的論述：「絕聖棄智，民利百倍……民多智慧，而邪事滋起……古之善為道者，非以明民，將以愚之。民之難治，以其智多。故以智治國，國之賊，不以智治國，國之福。」余英時先生把這樣的論述歸為「反智論」。如果要用這本書的文字描述，老子的說法，就是「反啟蒙」論。

所謂啟蒙，就是尊重「知識」。這個知識從哪裡來？從理性、邏輯、思辨、證據、檢證等科學方法，逐步累積而來。這樣的科學思辨範圍有沒有邊界限制呢？沒有！在人文主義、人本主義的思想帶領下，啟蒙思潮歡迎科學理性衝撞任何傳統的禁忌，包括宗教、神祇等等。

啟蒙之益大矣哉

平克教授指出，如果比較當下與啟蒙運動未曾開展的幾百年前，我們就會發現一大堆事例，肯定啟蒙的成就。與百年前相比，今日全球各地的嬰兒死亡率、產婦死亡率、平均壽命、每日獲取熱量、每人平均財富、兇殺案比例、戰爭死亡人數、生存威脅、平權指標等，不論從哪個指標看，現在都遠勝於以往。而這些，差不多都是啟蒙運動的成果。啟蒙尊重人本，而且善用各種知識與推理改善人所居住的環境，其結果當然就是前述種種「人本幸福指標」的改善。

平氏的論述證據客觀而充分，撰寫語氣幽默，對讀者有相當的感染力與說服力。這是否表示老子所說「民多智慧，而邪事滋起」必然一無是處呢？恐怕有人會有不同的看法。「邪事」從何而來呢？一般而言，歹事歹念經常源於當事人的相對挫折，或是難以在既存制度下出頭的

「積怨」，只好透過某種偷搶拐騙的手段，去達成某些壓抑在心底的目標。我想從思辨的角度，分析這樣的「積怨」，提出一個不同於平氏的思考。

平氏所比較的數據（諸如嬰兒死亡率、每人平均財富），都是拿現在與幾百年前相比。但是當我們詢問一個人「心中是否有積怨」時，我相信他們很少會比較當下與三百年前。今天的父母親極少面對「嬰兒早夭」的風險與悲痛，但是有誰會因此而感謝盤尼西林發明人、牛痘發明人？又有幾個人會想到這是「啟蒙運動、科技研發」的成就之一？人既然不會如此今古相比，當然就不會有什麼「活在今天好幸福，我要好好珍惜」的想像。

相反的，人通常是與「當下周遭」比較，有時候就形成一種強烈的相對剝奪感。年輕大學畢業生感慨：他們父母親那一代那種「可以靠勤奮而闖出名堂」的環境，好像不復存在；這是一種世代失落感。巴菲特的女傭感慨：她的所得平均稅率竟然高於億萬富豪的老闆；這是一種制度不公平的被剝奪感。薪水階級厭惡政府永遠在討好資本家；這是階級不平等感。新疆維吾爾族厭惡中國控制的集中營式管理；那是種族之間的被欺壓感。

有誰感謝盤尼西林發明人？

所以我們發現，啟蒙運動絕對能夠提升整體的、平均的生活環境與生活水準，但是這種跨越時空的生活改善，關照不到當下時點的壓迫與被壓迫。即使人文主義想要彌平性別、種族、國家、同性戀／異性戀等群體之間的歧視，但是在同一個群體之內，卻永遠還是有壓迫與被壓迫的關係。說得強烈一點：壓迫與被壓迫的關係、優勝劣敗的競爭，不是平均水準提升與否的問題，似乎是啟蒙運動關照不及的小角落。畢竟，「魯蛇」二字，絕對只是同輩比較的結論，與數百年來歷史有什麼變化，完全沒有干係。

我以上的評論，並非否定啟蒙運動的成效，也不是反對平克教授的觀點，而是要解釋：平克教授的古今數據比較涵括了部分歷史面向，但不是全部。你如果問我：「願意活在現在，還是活在一百年前？」我的答案絕對是「現在」。這就是古今數據比較的結論：不論從哪個角度看，現代社會都比一百年前「好太多了」。

但是如果你問我：現代人民與一千年前人民，哪一種生活比較幸福，這恐怕就沒有標準答案了。如果續問：「願意活在一百年前，還是願意活在（可能已然全球暖化、氣候大亂的）一百年後？」我就更難回答了。啟蒙運動所激發的理性科學思潮，是否有「產生問題後及時自我修復」的機能，恐怕是要打個問號的。全球暖化似乎是啟蒙運動的副產品，科學理性有修復的機制嗎？平克教授對此頗為樂觀，我的樂觀度大概要開個根號。

司馬遷描述的學術成就是「究天人之際通古今之變成一家之言」。能夠成為哈佛大學講座教授、美國國家科學院院士，平克的論述著作絕對已然成一家之言。但是關於啟蒙運動的未來影響，這是個天人之際、古今之變的題材。誰能到那個境界，就不是凡夫俗子如我者所能判斷了。

撰寫「大歷史」，不是那麼容易的！

初稿記於二〇一九年十二月十日
修訂於二〇一九年十二月三十日

延伸閱讀

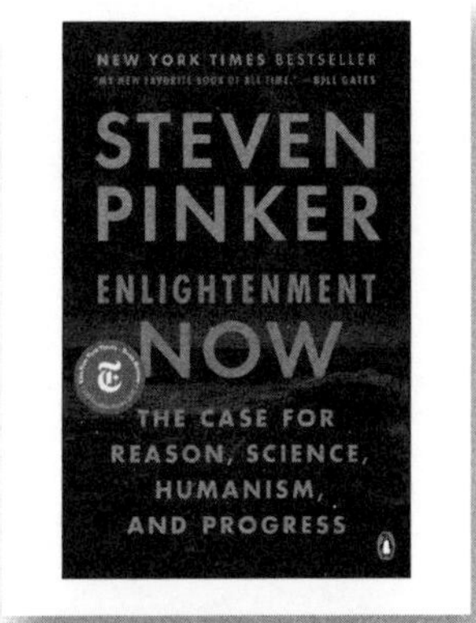

Pinker, S. (2018). *Enlightenment now: The case for reason, science, humanism, and progress*. Penguin.

Morris, I. (2010). *Why the West Rules-For Now: The patterns of history and what they reveal about the future.* Profile books.中譯本《西方憑什麼》，雅言，二〇一五。

廿一世紀經濟學

《窮人的經濟學》

——解決貧窮或是「研究」貧窮？

麻省理工學院（MIT）研究經濟發展的學者巴納吉（Abhijit Banerjee）與杜芙若（Esther Duflo）（以下簡稱 B&D）二〇一九年拿到諾貝爾經濟獎，其實背後有不少爭議。國內的評論者大都「與人為善」，或是與這兩人熟識，所以沒有提及這些爭議。這些爭議涉及研究倫理與通識判斷，值得關注。

B&D 二十年來專心做「實驗研究」，把開發中地區的政策執行對象區分為兩組，然後計算「對照組」相對於「控制組」的各項數據，例如工作表現、輟學率、孩子學業成績、嬰兒死亡率等。許多研究已經進行了一年、三年、五年，甚至更長。為什麼繼續實驗下去呢？原因或許是因為統計上、科學上結論還不顯著，或許是因為邊際效果還不夠強，或是「這樣的論文還發表不了」，還要再累積一些證據。經年累月，這兩人已經成為著作等身的發展經濟學大尾了。

《窮人的經濟學》的暗黑面

在他們撰寫的書《窮人的經濟學》中，兩人描述了若干實例。例如，控制組給予真正的鐵質養分，對照組給予「安慰劑」，然後計算兩組服用者的工作表現，得到「鐵質對工作的邊際貢獻」。這樣實驗研究的爭議是：鐵對於身體健康、營養體力的貢獻，食品科學的文獻應該一籮筐，還有必要再這樣實驗一下嗎？我們提供窮人鐵質，目的當然是要改善他們的健康，健康是最最重要的；健康改善之後邊際產量能夠增加多少，有那麼重要嗎？這研究有那麼偉大嗎？

再如，他們為了驗證印度的「菁英偏見」，將老師隨機分派到「前段班」與「後段班」，然後再訪問、調查老師的反應。他們的目的，是要證明印度的確存在「菁英偏見」。但是這樣的驗證，有意義嗎？把老師隨機分派到不同的班級，合乎因材施教的教育理念嗎？學生的權利，有納入考量嗎？那些對照組的學生家長，有權利拒絕實驗嗎？印度「種姓」制度嚴重，幾乎是普通常識，難道這個社會會「菁英觀念淡薄」嗎？

幾十年來，我都關心台灣的教育。我無法同意任何違反「因材施教、適性教學」的教育，當然也反對為了某個「實驗」研究，而把學生當白老鼠。學生的童年只有一回，怎麼可以為了某個學者的研究而糟蹋？

微型創業只看利潤嗎？

又如，兩人研究結果認為，尤努斯（Muhammad Yunus）微型貸款的成效普普，主因是申請貸款的「只有」人口的二十七％，而做小生意的「只有」二十一％中請貸款。B&D 卻沒有說明，為什麼二十七％、二十一％是「低」比例，所以不算成功？一個計畫要五十％以上的人加入，才算成功？

兩位教授在許多地方都指出，微貸創業「成功」的定義，至少其經濟利潤要是正的。這種以經濟利潤作為「成功」的唯一定義，令人難以苟同。我的親戚開個網路接單的甜點工作室，月收入也許只有四萬，而她去做其他工作可以賺五萬，所以機會成本是五萬。依照經濟學家的算法，她的利潤是負一萬，是「失敗」的創業。

但兩位經濟學家顯然不了解在開發中地區被壓抑年輕人的苦悶。他們的創業，有自我實踐的喜悅、有時間調配的自由、有不受上司臉色的解脫。B&D 為什麼只看經濟利潤的正或負呢？微型創業的未來，一定要往大型企業擴張、賺大錢，才算成功嗎？日本「握壽司」的鼻祖一天堅持只招待十幾位客人，規模小到迷你級，他算是失敗還是成功？

天啊！鬥殺地主是「土地重分配」

此外，兩位經濟學家對於經濟發展的大視角，也令人不敢苟同。他們在書中提到中國在改革開放之後，有些國營事業悄悄地把土地、廠房、設備「移轉」給員工，於是「員工有樂觀的想法，……他們之中最有天分的人最後能夠創立夠大的企業，並反過來聘用其他的員工。」他們以上的論述完全忽略：中國與前蘇聯共產主義國家私有化最大的爭議，就是那些「移轉」，十之八九是共產黨高官與太子黨的掏空、舞弊，把原本屬於全體人民的財產，送給少數高官裙帶。這樣的經濟發展，是完全沒有正義理念的扭曲發展，但它居然是兩人心目中的樣版，昭昭形諸文字，令人瞠目結舌。

B&D兩位學者也提到中國一九五〇至六〇年代的「土地重分配」，說它可能使「中間階層的農民得益」。他們是我認識的唯二經濟學者，把中國在毛澤東時代的階級鬥爭、地主清算、殺人無算，以「土地重分配」這麼美化的名詞去描述的。他們是不食人間煙火嗎？

七十年前的中國土地確實分配有問題，但依據毛澤東自己的估計，一九五〇至一九六〇年間的清算地主，至少殺了兩百萬人，其他被虐待、入獄、遊街、毆打、被迫自殺的，更是不計其數。對 B&D 而言，兩百萬人被虐被殺不算什麼，因為那叫做「土地重分配」？分析血淋淋的階級鬥爭，怎麼可以用「土地重分配」這麼荒謬的立論？這種說法，與中共中宣部的小科員，真是若合符節，但這兩人卻是諾貝爾獎得主。

政策研究的倫理前提

經濟發展課題最基本的核心，是人文關懷，而不是計算「某種試驗的邊際效果」。但是有些經濟發展的教授，往往只是要發表文章，不管其他。計算邊際效果如果沒有一點通識教育的視野、沒有公平正義的理念，那就是「不見樹木，只見輿薪」。計算邊際效果如果侵犯基本人權，更是根本不該進行。

生命科學與心理學都常有實驗，例如用小鼠、腺蟲、果蠅實驗。但是許多人都了解，一旦用大鼠做實驗，真的有點不忍心，遑論是猴子實驗、貓狗實驗。也因為如此，生命科學研究都有倫理檢驗，不通過的根本不准做。

但是政策研究，往往只要說服鎮長、區長就做了，居民莫名其妙地就被歸類為控制組或對照組，領到「真的鐵質」或「假的鐵質」、孩子被分到「適任老師」或「隨機派任老師」，也糟蹋了他們的學習興趣。這樣的研究，能通過倫理檢視嗎？

兩位教授的基金會網頁，把研究倫理說得四平八穩。但觀其所著所述，我實在覺得差距超大。當然，經濟政策「有沒有效」非常重要。兩位MIT經濟學家發明的方法，創造真正的隨機抽樣，計算出來的「邊際效果」的確最精準。他們批評發展經濟學的前輩經濟學家薩克斯（Jeffrey Sachs），有若干政策建議是錯的、糟蹋錢的，有時的確如此。但薩克斯若干「錯誤」的建議，也許背後有一些惻隱之心吧！政策建議錯誤當然不好，但是把清算虐殺地主兩百萬人詮釋為「土地重分配」，這種詮釋錯誤，更是令人髮指。

政策實驗該是冷酷的嗎？

正港的科學，絕對是冷酷的。但是經濟學是「正港」的科學嗎？我並不反對實驗經濟學。但兩位諾貝爾經濟學獎得主的實驗，有些卻讓人覺得是為研究而研究，不是為解決經濟發展、脫離貧困而研究。像鐵質有益健康、有助體力，食品科學的證據鋼鐵般堅強，哪裡還需要多此一舉的研究？他們只是硬把人分兩組，以便計算「邊際效果」，寫成論文發表，這樣做，令人難以認同。

另一類對兩位經濟學獎得主的批評是研究方法。絕大多數的研究都要經費。社會科學中的人類學、經濟學、社會學、心理學、政治學，尤其要花錢。但是花錢事小，有時候花錢都未必能做田野、做訪調、做實驗。

大約三十年前，美國某大學心理學系的博士班學生要做「年幼學習珠算是否會影響五年、十年後的學業表現」，就到台灣做實驗。關說大員之後，台灣教育當局全力配合，將轄內所有小學生隨機區分為兩組：有的學珠算、有的沒學珠算。然後，用教育當局的戶籍資料追蹤學生，看控制組與對照組學生五年後的表現，依美國大學研究團隊的需求，記錄之、整理之、寄送之。

誰有「權力」做實驗？

這個計畫需要的經費不多，台灣政府的配合才是關鍵。然而誰能促成教育局的配合？也許是美國在台協會，也許是 Fulbright 基金會。但是無論如何，台灣教育當局用公權力完全的配合實驗，其資料只會提供給美國研究團隊，也只可能是這一個團隊的研究成果。這樣有什麼不對勁呢？我說不上來。但是，這是一種「特權」研究。

看 B&D 兩位學者的研究，特權感覺就更強烈。基本上，他們不是在一地一區做「政策實驗」，而是在全球各地做實驗，把一拖拉庫的開發中國家的一拖拉庫鄉鎮，都依照他們的研究需求，區分為控制組、對照組。這背後有多少特權？又有幾個人做得到？

特權研究的問題是：別人沒有辦法重複，或是很難複製，以驗證或是反駁這兩位學者的研究結果。兩位學者也許沒有壟斷資料，但別人真的很難有機會駁斥其結論。科學哲學家波普爾（Karl Popper）說，科學就是提出「可被檢證或棄卻的假說」（verifiable or refutable hypothesis）。B&D這樣的研究，是否能符合科學的要求呢？

大制度不改，小實驗能有效嗎？

有人說，他不佩服馬雲、任正非，因為他們的產業在中國都是特許行業，都不准外國業者進場比拚，都沒有經歷過真正的市場競爭；他們的成功是共產黨保護的結果。類似的推理結論是：能夠在全球十幾個國家到處做「政策實驗」的，真的是令人欣羨的超級大咖。他們的研究頗有可觀，但是就像馬雲、任正非的財富，令人羨慕，卻不那麼佩服。

兩位學者的MIT同僚艾塞默魯（Daron Acemoglu），其知名著作是《國家為何失敗》，結論是經濟發展的關鍵問題在「制度」，發展中國家的制度極難改變，所以經濟發展問題極難解決。B&D兩位將上述結論描述為「悲觀論」，而他們自己則是樂觀論，認為制度即使改不了，小政策還是有改善空間。這，也許就是作者隨機分組測驗的立論基礎。但是，林相、樹相完全改不了，只是重新排列輿薪的角度，這是為了經濟發展，還是為了經濟文章的發表？我是沒有確切答案的。

大家都是RCT的受害者

諾貝爾經濟學獎二〇一九年十月發布，同年十一月二十三日，《經濟學人》也有一篇文章批評B&D的研究，內容與我的觀點若合符節。《經濟學人》指出，B&D提倡的隨機控制實驗（randomized control trail, RCT），研究野心太小，無關大局。有些實驗在肯亞做是一種結論，在巴基斯坦做是另一種結論，完全無助於肯亞政策效果。

該雜誌評論文章最後提到：「經濟學家根本解決不了貧窮問題；也正因為他們解不了貧窮問題，所以他們才有那麼多『貧窮研究』可以做！」最後這一段，罵得真凶！只是B&D招來一頓批評，不但自己挨批，還把整個經濟學界拖下水，我自己也覺得受到池魚之殃。

古人說，一人得道，雞犬升天。照《經濟學人》的批評，反而是一人得獎，經濟學界卻被看扁了。我想B&D得獎的真正傷害，正在於此。

初稿記於二〇一九年十月二十二日
修訂於二〇一九年十二月十九日

延伸閱讀

《窮人的經濟學：如何終結貧窮？》，阿比吉特・班納吉、艾絲特・杜芙若（Abhijit V. Banerjee & Esther Duflo），群學，二〇一六。

Yunus, M. (2010). *Building Social Business: The New Kind of Capitalism that Serves Humanity's Most Pressing Needs*. Public Affairs.

Sachs, J. D. (2006). *The End of Poverty: Economic Possibilities for Our Time*. Penguin.

由《世界不平等報告》，談遺產贈與稅

《世界不平等報告》是皮凱提（Thomas Piketty）及其團隊所寫。皮氏大概花了十年時間，糾合全球數十個國家的資料，成立世界高所得資料庫（World Top Income Database, WTID），後來除了所得（income）又加上財富（wealth），改名WID，World Inequality Database。這本書值得讀，每章有簡要彙整，有圖表，也不難讀。

隨著加入國家增加，數據豐富，跨國比較也比較可能了。巴西、俄羅斯、印度、美國等，都是極不平等的國家，值得警惕。但近年台灣有一群笨蛋，落後「潮流」三十年，跟著美國三十年前的減稅走。他們唯一的工作，就是遊說幫富人（包括他們自己）減稅，惡化台灣的不公平。這些人像是匪諜，似乎想要搞垮台灣。

我看到台灣一直在減富人稅，而且「落後潮流三十年在追潮流」，就怒從心上來。以下，就針對富人最常遊說調降的遺贈稅，給「後段班」補一補課。

該不該課徵遺產贈與稅？

遺產與贈與，都是父母把財產直接移轉給子女。二〇〇九年，政府將遺贈稅率大幅降低，最高稅率由百分之五十降為百分之十。二〇〇九年調降遺產贈與稅迄今，已經十幾年了，期間不斷有人提出呼籲，認為應該要重新檢討，調高遺贈稅率。在此，我們把遺贈稅的理論基礎講清楚，希望能對將來討論遺贈稅的共識，有些幫助。

遺產贈與稅的理論基礎概有以下三種：

保險機制：從父母親的角度來看，留遺產給子女是他們希望藉此嘉惠子女，墊高他們的立足點。但是如果從子女的角度觀之，我們想像子女不知道會出生在有錢父母家或貧窮父母家。若有一個遺贈稅制，能夠把運氣好、生在有錢人家子女的立足點拉低一些，並以其收入協助運氣不好、生在貧窮人家的子女，墊高其立足點，則遺贈稅像是子女世代立足點的資源重分配，是子女輩在「不知自己將生於何種家庭」情況下的一種「保險」機制，這是遺贈稅理論基礎之一。所謂「不知自己將生於何種家庭」，是羅爾斯（John Rawls）「無知之幕」的觀念，在這裡非常適用。

矯正資源配置：一般而言，子女創業發展需要資金掖助，而且對能力越強的人而言，資金掖助的邊際報酬越大。由於窮人子女資本掖助少、富家子女資本掖助多，所以窮而能力強者資本不足，但是富而能力弱者資本偏多。又由於家庭財富與子女能力通常相關性不高，故我們常見富二代無效率地揮霍，而窮二代卻有能力者徒呼負負。國家課若干遺贈稅，進而協助能力強但資本不足的窮小孩，就能改善整體經濟的資本分配效率，是為遺贈稅理論基礎之二。網路上一則笑話：富二代經常被人誤認是孤兒，因為他們動輒問別人，「你知道我爸媽是誰嗎？」就是在反諷這種阿斗富二代的白目。

合乎動態公平：哲學家德沃金（Ronald Dworkin）指出，動態公平的社會應該是「多回饋努力、少獎勵機運」，英文是 ambition sensitive, endowment insensitive。父母的遺產贈與對子女而言是天上掉下來的機運，完全與他們的努力無關，是最典型的機運（endowment）。所以從公平的角度來看，應該要對遺產贈與給予若干抑制，此為遺贈稅理論基礎之三。

除了以上這些遺贈稅理論基礎，以下則要釐清一些關於遺贈稅的錯誤觀念。

不能以稅收多少判定該課何種稅率

坊間有所謂「遺贈稅率調降到百分之十，才能收到較多稅收」，以此去合理化百分之十的稅率。姑且不論這稅率與稅收之間的因果論述極為薄弱，但即使前述稅率與稅收之間的關係是確實的，這也只是租稅設計的考量之一，絕對不是唯一角度。

例如，服兵役期間越長，人民逃避兵役的動機就越強，但是兵役役期之長短，絕對不只是建立在「X役期能夠使逃避兵役人數最少」這樣的狹隘思考之上，還有許多其他的國防機動性、戰技培訓、公民意識等複雜考量。租稅設計亦然。如果只是為了極小化逃兵人數，那麼兵役役期應該降為「一秒鐘」；但是這種白癡論述，顯然不值一哂。

香菸捐是一種廣義的稅；如果菸捐收得荷包滿滿，表示馬路上菸槍一堆。難道，政府菸捐的高低設計，是為了極大化菸捐收入？交通簡易罰款也是一種廣義的稅。加州二十五年前就規定「高速公路丟垃圾罰一千美元」，結果每年根本罰不到多少錢。難道丟垃圾罰款的費率設計，只是為了垃圾罰款收入？

世界各國所得稅率，絕大多數是累進。許多實證文獻都發現，累進稅率不利於增加稅收。但是你可曾看過哪個非弱智的官員，因為上述文獻，而主張廢除所得稅的累進？

稅制設計的理論基礎是什麼？

稅制設計的關鍵之一是行為引導。當我們因為前述德沃金的公平哲學理念而課徵遺贈稅時，其實也是在做一種行為引導：引導遺贈行為的「對照組」，是希望父母親多做消費、多做投資、多做捐贈、多做公益，而不見得是「多把錢移轉到開曼群島」。當遺贈稅率低時，其後果不只是父母親可能把錢從開曼匯回台灣，也極可能是促使父母親減少當期消費、投資、捐贈、公益。資金在台灣與開曼群島之間的套利移轉，並不是唯一的行為替換取捨。

另一個關於遺贈稅的錯誤觀念，是說「台灣」稅率降至十%，大約與「海外」避稅成本相當，資金才會回台灣進行投資。這是銀行「理專」層次的愚蠢觀念，分不清楚吸引實體投資與金融熱錢的區別。簡單地說，若實體投資有吸引力，全世界的錢都搶著投資，無需政府憂心台灣沒有資金；若實體投資沒有吸引力，熱錢流入根本沒有好處，只會炒作房地產與股票。「吸引資金回台」之說，根本錯亂了金融面與實質面，是「理專」的邏輯，完全沒有政策概念。過去幾十年，大家都知道「台灣錢淹腳目」，所以台灣不是缺錢，是缺錢的實體「投資舞台」。

而即使要讓台灣人藏避在海外的資金流回來，台灣都不該只把遺贈稅率設為海外的十%，而該再加上若干%的「故鄉貼水」（homeland premium）。台灣富豪把錢藏在開曼群島，其子孫使用、消費、安排病床、賄賂官員、打通關節都不方便。但若錢匯回台灣，給他們更多揮灑便利。故同樣資金若是放在台灣，其子女福利比錢留在海外增加，當然要對富豪課故鄉便利的貼水。故若國外資金處理成本十％，而故鄉貼水是十五％，則遺贈稅率至少應是二十五％。

在遺產稅修低之後的十年裡，台灣的熱錢逐漸增加、房價被炒得日漸飆高、貧富差距明顯地年年拉大，台北、新北的房價／所得比，一度攀上全球都會區第一，甚至還高過香港。這種種惡果，當年主張修低遺贈稅的一群人，都該閉門思過，頭殼撞牆。

降遺贈稅不會減少富豪逃漏稅

其實遺贈稅率不管是多少，都不會影響富豪們逃避稅的動機。台灣的租稅負擔率低到只有十二．六％，少數富豪照樣虛報捐贈古董字畫、捐贈（假）高價公共設施保留地、捐贈浮報印刷刊物、假捐贈真學費、設定信託贈與契約、成立虛假公益法人節稅。這些逃漏稅勾當，都是倫理有問題的會計師、律師幫助他們張羅。富豪及其家臣家奴汲汲為利是常態，他們表現若此，為什麼國家還要費心為他們降遺贈稅？台灣稅率這麼低逃稅照逃，可見再降低稅，也不會有什麼「教化效果」。

二〇〇九年強力推動降稅的人（例如劉兆玄）看到苗頭不對，就辯稱當年是因為金融海嘯情勢危急才降稅的。這是謊言，也是遁辭。事實上金融海嘯期間歐美銀行危如累卵，台灣相對安全，故即使不降稅，許多台灣人也都會匆匆把錢從歐美匯回台灣避險，故降稅對台灣富豪只是錦上添花。更何況，租稅制度講求穩定，根本不該是因應景氣起伏的工具。當年大官把事情扯上金融海嘯，只是要幫自己遮羞、規避責任而已。

事實上，在二〇〇八年賦稅改革委員會討論遺贈稅時，原本專案委員的建議是「免稅額度調高、最高邊際稅率略降至三十五%」，大致與歐美國家相當。但是專案委員們的建議、討論，內閣完全不予理會。他們心目中早就決定了將稅率大降至十%。在討論該案前夕，行政院副院長邱正雄、副總統蕭萬長都分別拜訪、約見幾位輩分比他小很多的賦改會委員，「曉以大義」。大官對遺贈稅理論什麼都不懂，卻如此積極，背後沒有利益遊說的黑手，其誰能信？

依台灣稅法，父母每年都可以對子女贈予數百萬台幣而享受免稅。因此，有錢的父母親只要分年規劃，給子女遺產上億都絕對不必繳一毛錢稅。在這麼寬鬆的贈予免稅規定下，若是還需要繳遺產稅的，絕對是財產十幾億的大富豪。因此，能夠從遺產稅率大降而獲利的，就只有這些十幾億以上財產的大富豪。呼籲大降遺贈稅背後，若說沒有這些人的黑手運作，其誰能信？

遺贈稅不只是機會稅、暴斃稅、重複課稅

有些人說，遺贈稅只有對避稅規劃不積極的人，或是暴斃的人課得到。這個說法只能說部分正確。所有的租稅都有稽徵成本，個人也都有逃避動機，嚴格說起來也只能課到「逃避規劃不力」的人的稅。台灣最難逃避的稅就是薪資所得稅；但是國家不能因為這樣，就緊咬著受薪階級課稅，而放過那些善於逃避的納稅人。租稅設計有四個考量：分配公平、國家建設、國際競爭、稽徵成本。所謂「能否輕鬆課到稅」，只是稽徵成本的片面思維，不應由此主導租稅設計。「暴斃稅」是前美國副總統錢尼（Dick Cheney）創造出來的遊說詞，與學理完全無涉，國內有人跟著起舞，真的不可思議。

另外，台灣也有學者說：遺贈稅是重複課稅，因為父母賺錢的時候已經被課了一次所得稅，贈與時又被課一次稅，故為重複課稅。如果這個說法成立，則我們用稅後所得買可樂需要付五%營業稅、買汽車要付燃料稅及牌照稅、買土地要付地價稅、簽契約要付契稅、買賣股票要付證交稅，有哪一項不是「重複」課稅？是不是要所有稅都取消，才沒有重複課稅？

遺贈稅的道理我說過許多次，也引過一堆文獻，但是有些腦袋打結的後段班卻不肯學習最基本的財經理論。他們好像覺得，「透過參詳數據、數字，即能尋得真理」。但是他們是錯

的。若是腦袋裡沒有理論概念，數字所呈現的意義微乎其微，且其詮釋也容易極端扭曲。誠如愛因斯坦說的：

It is the theory that determines what we observe, not the other way around.

對這句話有體驗的社會學門研究者，幾希？

初稿記於二〇一九年五月十二日

修訂於二〇一九年十二月

延伸閱讀

《世界不平等報告2018》，阿瓦列多、江瑟、皮凱提、賽斯、祖克曼（Facundo Alvaredo, Lucas Chancel, Thomas Piketty, Emmanuel Saez, Gabriel Zucman），衛城，二〇一八。

從《富稅時代》評論二〇一七稅改

二〇一三年，柏克萊加州大學教授祖克曼（G. Zucman）用瑞士銀行資料、WikiLeaks 的史諾登（Snowden）資料與多國財稅資料做（匿名）比對，發現與低稅區稅差最大的北歐國家，其避稅財產僅占富豪總財產的零星數趴，但是稅率較北歐低的歐洲大陸國家，避稅財產卻達大富豪總財產的十五％，而俄羅斯竟然達六十％。可見真正影響假資金逃避在境外（即「假外資」）的因素，是公民教育、查緝勾稽努力、社會凝聚力、政治清明度，而不是內外資之間的稅差。

二〇一七稅改的重點

二〇一七年，行政院推出了一項為富人減稅的方案，稱之為「股利分離課稅」。這個減稅是當年所謂「稅改」的項目之一；或說，稅改只是「包裝」股利分離課稅的遮掩。以下，我就先解釋二〇一七稅改的內涵。

二〇一七年稅改的重點有五。其一，將營所稅率由十七%提高到二十%。其二，將綜合所得稅最高邊際稅率由四十五%降至四十%。其三，將兩稅合一半數扣抵取消。其四，將股利所得自綜合所得中抽出，分離課稅，稅率先定為二十六%，後來調整為二十八%。其五，保留盈餘加徵稅率，由十%降至五%。其他方面，例如外資股利所得分離課稅稅率由二十%升為二十一%、兩種可能申報方式的選擇、寬減額扣除額調整等，都是枝節，不需在此細論。以上幾個重點，我們略過保留盈餘不談，只討論其他。

什麼是「兩稅合一半數扣抵」呢？例如公司獲利一百元，若營所稅率二十%，要繳二十元的營所稅。剩下的八十元若發給股東，倘若股東適用之所得稅邊際稅率為四十%，則應該繳三十二元的所得稅。所謂半數扣抵，表示原先所繳的二十元營所稅的一半（十元）可以抵繳綜所稅。所以粗略來說，股東只要繳 32–10 = 22 元的綜所稅。詳細的公式更複雜一些，在此不贅。

兩稅合一的觀念翻轉

二〇一七的稅改，為什麼要把兩稅合一半數扣抵取消呢？原因是這樣的。二十幾年前，一群人主張「股東其實被重複課稅了」。他們說：股利的稅率其實是先被課二十%營所稅，再課個人綜所稅，有重複課稅之嫌。以前段的例子而言，如果不算半數扣抵，其總租稅負擔似乎為 20 + 32 = 52，等於是五十二%的稅率。當年基於這樣的「重複課稅」認知，而主張「兩稅合一」。兩稅合一說穿了，實質上就是幫股利所得者減稅——減少了所謂「重複」的稅。但是最近十年，前述重複課稅的說法退潮了。

在此，我們避免填鴨讀者「兩稅合一」為什麼退潮，而想訴諸直觀。觀念上，營所稅是「營利事業」付給國家的服務費；國家服務營利事業的項目包括公路、電信、海關、企業契約法制環境等。個人綜所稅是「個人」付給國家的服務費，國家服務個人項目也許包括健康、食安、義務教育等。營所稅不能視為綜所稅的先繳，是因為營所稅與綜所稅是兩種不同的服務費，服務項目不同，當然無所謂重複。

例如企業重視智財保護、個人重視健康維護；企業關切智財法院、智財登記等，但是個人關心空氣品質、乾淨水質。正因為企業與個人服務項目不同，才能正確理解此中無所謂重複課稅，也才有國際上兩稅合一扣抵之取消。這個修法方向，原則上是對的。

營所稅與綜所稅的關係

下一個問題是：營所稅率提高，這個調整方向對不對？基本上，這也是對的方向。營所稅當初由二十五%降至十七%，就是純然政治的考量。當年遊說降稅的人拿台灣的某個單一稅率跟某地（例如香港）的對應單一稅率比，然後就主張降稅，這個邏輯是錯誤的。如果要照這樣的邏輯，台灣恐怕要把所有的稅都降至開曼群島。這是不可能的，因為每個國家需要支撐的公共支出不同。

當初主張大降營所稅的人說，降稅可以吸引投資。但是台灣中央銀行的實證結果也顯示，降稅並沒有吸引投資的效果。如果把營所稅視為「政府對企業服務」的服務費，則一般而言，法治服務越完整、製造業越普遍的國家，政府對企業的服務越廣泛，其服務費也會越高。例如香港沒有國防，不需要國防支出，稅率當然可以低一些。

看看二〇一九年的香港「反送中」衝擊，台灣能夠沒有國防嗎？台灣適合與香港比嗎？台灣政府對企業的服務，相對於世界上其他國家，應該是十七%的稅率所不足因應的，故有調高之議。

接下來，我們檢討降低個人綜所稅最高邊際稅率的調整方向。台灣的綜所稅最高邊際稅率原本就是四十%，也是在三年前頗為民粹的情況下調高到四十五%的。所得課稅是基於所得稅法；所有國家租稅的諸多稅率，共同形成一個「法網」，彼此銜接、影響。我們討論稅，不能一個稅一個稅談，一定要有法網的概念，要整體考量。

台灣是一個非常需要吸引人才的地方。就人才環境而言，台灣相對於新加坡、香港、對岸，並不算有利。公司或資本只是一個登記形式，但是人才則是真正在乎環境的生產要素。所以調高營所稅以換取調降綜所稅的最高邊際稅率，是正確的方向。但是話又說回來，綜所稅率只是人才環境的一環，調降綜所稅率究竟有多少吸引人才的效果，不能期望太高。

股利所得分離課稅在圖利誰？

有了以上的背景介紹，接下來我們就可以解釋「股利分離課稅」的意思了。台灣的「綜合所得」原本是囊括一個人在社會中十種所得來源，如薪資、股利、執行業務所得（BPP）等。十種所得加總後，政府會以累進稅率的方式課稅，也就是把所有人的所得級距分成若干級、每級課以不同的稅率，總所得越多，不論是哪種所得，適用的稅率越高；這是一種「平等」的概念：各種所得一視同仁。至於不在綜所稅定義的十種所得裡的所得，或由於難以掌握

（例如外國人所得），或是屬於偶發性事件（例如中獎所得），會在綜所稅之外以別種稅率單獨課徵，謂之「分離」課稅。我們對外資難以掌握其綜合所得，但是內資股利所得既非難以掌握、亦非偶發，除非有類似「歐洲共同市場」的特殊環境（資金完全自由移動），否則沒有分離課稅的道理。硬要這樣做，就違反了所得來源的平等原則。

股利分離課稅為什麼會產生不公平呢？幾乎所有的法律修訂，我們都希望它影響的是「不特定人」。但是所得稅法修法偏偏沒有這個特性；我們都是在「看到自己所得」之後，才討論稅法制定；這使得中性討論很困難。我對中性討論的建議很簡單：我們不要看每個人的所得，但是要看所得「分配」。看了分配，大家就知道什麼人才會主張股利分離課稅了。

我們依台灣家戶所得高低組，列出各組薪資、股利、執行業務所得、其他所得四種所得的百分比。例如最高所得萬分之一家庭，他們的綜合所得有九十三・四％是股利所得。最高所得百分之一的家庭，股利所得百分比降為五十五・一％。到了最高所得二十％家庭，股利所得只占二十五％。就全體社會而言，股利所得只有總綜合所得的十六・二％。以上的數據明顯呈現：越有錢的家庭，股利所得百分比越高。如果綜合所得中的其他所得邊際稅率是四十％，但是股利所得改為分離課稅，且稅率只有二十八％，那當然是百分之百的圖利有錢人，因為他們適用的稅率從四十％陡降至二十八％。這不是圖利富人，什麼才是圖利富人？

二〇一七年推動稅改的辯解是：股利的稅率最高還有四十・八％，大於薪資所得的四十％，這是對的嗎？其實這是錯誤的，而且是自相矛盾的。若把二十％的營所稅再加上稅後利潤（八十%）原先設定的分離課稅率二十六%，就會得到 20% + 80% * 26% = 40.8%。但是這樣的相加，是前述「重複課稅」的錯誤邏輯。論者若有「把營所稅與綜所稅加起來視為股東總稅負」之推理，那麼就認同這裡有重複課稅的問題，此次稅改就不該取消兩稅合一之半數扣抵，反而應該回復全部扣抵。但是既然提出取消兩稅扣抵之修法方向，就表示此次稅改贊同「企業、個人服務不同」，也就不可以回頭來又說股利是重複課稅。

「假外資」是個「假議題」

鼓吹股利分離課稅的人包括一位名嘴。知識分子批評名嘴所述，恐怕是雞同鴨講。但是為了釐清觀念，不得不然。名嘴說：如果沒有股利分離課稅，且內資適用四十%最高邊際稅率，但外資因為適用二十一%分離課稅單一稅率，則 40% - 21% = 19% 的稅差，有可能使得內資轉成假外資套利。基本上，你若要縮小內外資股利稅差，就得減低內資股利稅率。但是我們若降低內資股利稅率，就會拉開股利所得與其他綜合所得適用稅率的差。因此，「內外資稅差」與「不同所得間稅差」，以目前有限的稅改工具，是不可能同時消除的；少數政策工具無法解決多數政策目標，這是經濟學上的定理。

至於兩種稅差要優先解決哪一個，那需要智慧與判斷，也要想清楚：做各種建議的人，究竟是基於社會公益，還是基於個人利益？名嘴鼓吹股利分離課稅，他自己或是他朋友適用的股利所得稅率是多少？是不是要攤開來公布一下？國家政策制定，當然不能盲目受個人利益所引導。

那麼前述兩種稅差，哪一種比較嚴重呢？我認為內外資稅差比較不嚴重。假外資移動未必有嚴重的、實質面的產業經濟後果，比較是金融面的一次移動現象，衝擊有限。學理告訴我們，這個問題並沒有解決的迫切性；這一點我們由祖克曼的研究已經非常清楚。為了內外資稅差去扭曲綜合所得稅的平等原則、累進原則，是捨本逐末，卻大大圖利了股利所得占比高的大富豪。假外資待在海外，使用諸多不便。這些外資想要匯回來享受低稅率；他們會在乎什麼「內外資稅率不等」嗎？

以上的見解，應該是學界共識。內外資稅差不能拿台灣稅率與免稅天堂比；只要是正常課稅國家，這些外資回到其國內還要再受其國內稅法拘束，分析起來非常複雜，也未必真的有套利空間。總之，內外資稅差嚴重云云，應該是被利益集團誇大了、扭曲了的議題。這些觀點其實是ABC級的。

社會公平，是每一個健康公民的理想

有一位（曾經是）學者二〇一七年在行政院做官，他說，「公平、不公平」言人人殊，不能只聽一邊一派的。若是四十年前，這個批評也許是的，但是今天再這樣說，可能就是這位（曾經是）學者久疏文獻了。過去四十年，不論是 John Rawls、Ronald Dworkin、Robert Nozick、Amartya Sen 等哲學家，都對「公平」提出了細膩而完整的理論，大大補足了石器時代經濟學家論述的不足。即使是經濟學、社會學文獻，也從 Anthony Atkinson、John Fei、Frank Cowell 等四十年前原本只討論公平「指標」的淺研究，演進到 Glenn Loury、Hal Varian、Joe Stiglitz、Robert Hauser、Emannuel Saez、Thomas Piketty、Gabriel Zucman、Angus Deaton 等一大群討論影響公平動態演進的文獻。今天，「公平」已經是相當成熟的研究領域了，早已擺脫各說各話的「舊石器時代」。

設有甲、乙二人，甲是辛苦的工程師或醫師，乙則含著金湯匙出生，坐擁數十億父母贈與的股票。若甲辛苦工作的薪資所得與乙完全不工作得到的股利所得相當，但是乙要繳的分離課稅稅率硬是比甲少 12（= 40 – 28）%，你覺得公平嗎？台灣人民要這樣歧視受薪階級、擁抱那些金湯匙族嗎？薪資所得與股利所得的最重要差別就是：前者是永遠附著於努力與汗水的、是無法移轉贈與的。

二〇一七年稅改時，我擔任台灣駐WTO大使；特任官反對行政院長的意見，我也遭到不少壓力。公平正義不是任何一位駐外大使的業務，但是它是每一個「人」得以在社會立足的核心價值、是每一個有人文關懷的知識分子的共同關注。你若問我，價值與關注的理念有多重要呢？我的回答是：「微理念，吾其披髮左衽矣。」這個理念，我坦白而誠實地向行政院長講、也向蔡總統講，將來也會毫不猶豫地寫在教科書裡，對所有的學生做觀念傳承，留在學生的記憶中。我們每一個人，都對台灣有責任。

初稿記於二〇一七年七月十八日

修訂於二〇一九年十二月

延伸閱讀

《富稅時代：為何課不到他們的稅？揭露藏匿192兆的避稅天堂，21世紀貧富與權力分配之戰！》，加柏列・祖克曼，寫樂文化，二〇一五。

解析台灣不同階層的所得來源

——讀三本與「不公平」有關的書

過去幾年，我與研究團隊用財政部財政資訊中心的資料，分析台灣家戶的所得分配。我們將家戶總所得切分為土地增值所得（分類上屬於資本利得）、薪資所得、資本所得（絕大部分是股利所得）、自營所得（包括自營工作者所得及律師、會計師的執行業務所得等），及其他所得，再研究其組成與來源。以下整理的結果，可以幫助讀者了解台灣的所得與財富不均。台灣的這些觀察，可以與《不公平的代價》、《財富大逃亡》、《富稅時代》等書中所記的國外觀察，參照比較。

由圖A我們發現，隨著橫軸總所得排序越高，家戶的所得來源組成也開始改變。大致

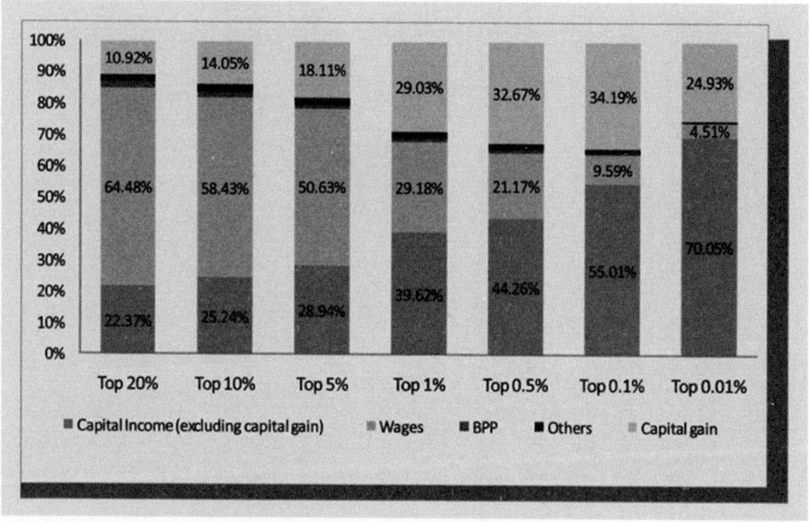

圖A：二〇一四年台灣不同家戶所得來源。

而言，有錢家戶的致富來源是土地（資本利得，capital gain）與股票（資本所得，capital income），而不是靠工作賺來的薪水。以最富有萬分之一的家戶為例，他們來自這兩種來源的所得，占總所得的九十四・九八％（24.93% + 70.05%）。所以，如果有人跟你說他「薪水很高」，表示他還不夠有錢。

有錢人不是靠工作賺錢，是靠土地賺

過去行政院主計總處計算所得分配，都是以綜合所得資料計算；但是還有一種所得是土地增值所得，由於這筆所得是分離課稅，不包括在綜合所得裡面。我們在圖A中把土地增值納入計算，會更接近有錢人的實際所得狀況。

在圖A中，最上面一塊即是土地增值所得。以圖中前〇・〇一％的人（即社會上最有錢的萬分之一）為例，他們約四分之一（二十四・九三％）的所得來自於土地增值所得，而薪資所得只有四・五一％。但是社會上其他人呢？基本上，家戶所得越高的，其薪資所得的比例越低，例如社會上最富裕的十分之一家戶，他們的薪資所得還有五十八・四三％，如圖所示。這印證了「靠薪水賺錢的都不夠有錢」。

有錢人到底從土地交易中賺到多少錢呢？以二〇一四年的資料來說，最有錢的萬分之一家戶，每戶每年平均從土地交易賺到五千七百一十萬元，而全國平均只有三萬九千元（見表A），兩者相差一千四百六十四倍。我也要提醒讀者，目前看到的土地交易金額，都是以公告現值計算，而公告現值只有市價的一半左右。所以有錢人真正的土地交易所得，遠比表列數字為高。

靠買賣土地賺錢的，幾乎全是有錢人

為什麼有錢人喜歡進行土地交易呢？主因還是在於稅制。二〇一四年綜合所得稅的最高邊際稅率是四十五％，但土地增值稅的最高邊際稅率是三十％，再加上公告現值只是市價的一半左右，所以三十％稅率適用的稅基還打了對折。準此，買賣土地所得課稅的稅率，比工作薪資等綜合所得要課的稅率低，造成有錢人都喜歡做土地買賣。如果從土地交易量的數字來看，最高財富組一％的有錢人，其土地交易量就占了全社會的二十％左右。

表A中「戶％」那一欄的數字，其意義是這樣的。在民國一〇三年，如果在財富最高的百分之十中隨便抽一人，問此人「你今年有沒有出售土地？」回答「有」的比例，是十二．六％。但是同樣的問題問最富有萬分之一中隨機抽出之人，他們回答「有」的比例，是四十八．九％，幾乎是二分之一，可見最富有族群買賣土地幾乎是常態！

表A　台灣土地交易的貧富鴻溝（二〇一四年）

單位：萬元

	年度	戶%(A)	平均土地交易所得（戶）(B)	平均每戶土地所得(A*B)	平均綜合所得
全國平均	101	1.8	177	3.2	61.5
	102	2.01	196	3.9	62.5
	103	1.89	206	3.9	63.4
前10%	101	11.6	265	30.7	235
	102	13.3	286	38.1	227
	103	12.6	298	37.6	244
前1%	101	34.5	709	245	696
	102	40.1	769	308	667
	103	37.6	797	300	823
前0.1%	101	55.3	2541	1405	2541
	102	62.9	2870	1805	2412
	103	54.7	2998	1638	3713
前0.01%	101	55.4	10176	5642	11137
	102	65.5	11640	7627	10503
	103	48.9	11687	5710	19583

如果我們把全台灣人民依照其總財富分成一百等分，那麼財富組九十九％以上的這群有錢人，他們買賣土地的報酬率會突然暴增達七．九六％，比財富組五十一％的家庭，高出將近三％，如圖B。

有錢人的土地投資報酬率也高於窮人

為什麼有錢人的土地投資報酬率比沒有錢的人高呢？這背後有幾種可能性：第一，是財力限制。大家都知道信義計畫區的土地會漲，都想去投資買地，但是你我買不起，有錢人卻買得起。第二，是資訊優勢。有錢人人脈廣闊，他們能夠知道「哪裡可能會都更、哪裡可能會土地重劃」，於是下場投資；但是這些資訊你我不知道。第三，是專業差異。有錢人請得起一流分析師，於是得到建議投資的精準結論。你我請不起理財大師，以至於投資不利。

報酬率不平均這件事其實很嚴重，甚至比財富分配不均本身還要嚴重，因為這就是「貧者越貧、富者越富」的來源。有錢人不但現在有錢，他們用錢賺錢的獲益率更是大於普通人，長期而言當然會造成財富分配的更加惡化。也因為這樣，整個社會的貧富不均，會隨著時間愈趨惡化。以上分析的小結是，房地產買賣是台灣重要的不公平來源。

台灣有錢人的投資報酬率較高，究竟是因為上述哪一種原因，恐怕難以釐清。一般的猜測

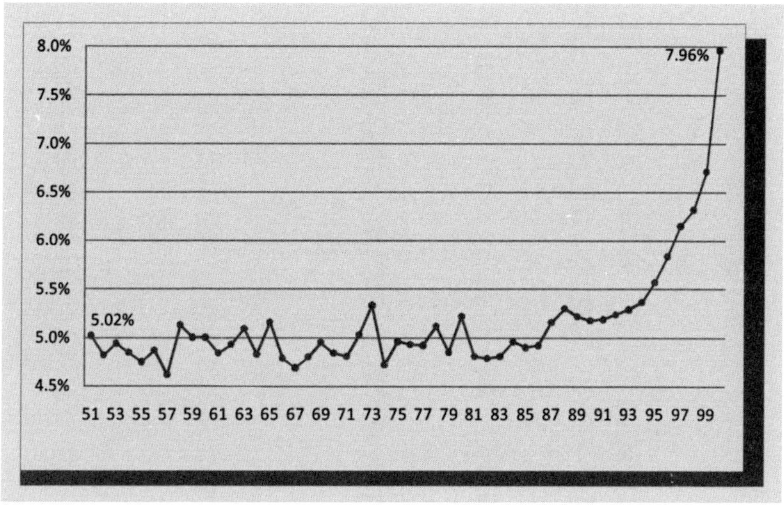

圖B：台灣不同財富組土地投資報酬率不同（二〇一四年）。

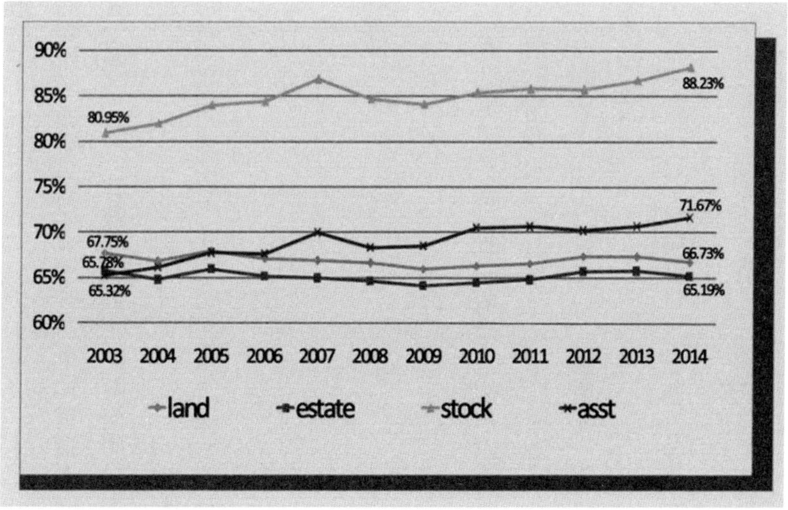

圖C：前10%富有者各種資產之占比。

是：三種都有吧。但不論是哪一種，都是使貧富差距拉大的原因。

另外，我們整理了二〇〇三年到二〇一四年的資料，確實發現有錢人占全社會資產的比例，越來越高。以股票為例，二〇〇三年時，社會上前十分之一的有錢人，持有整體社會總共八十・九五%的股票；經過十餘年，這個數字在二〇一四年上升到八十八・二三%（見圖C）。而越有錢的人，他們持股占社會整體比例的增加速度就越快。例如前萬分之一的有錢人，十餘年間，持有股票的比例上升了十八%。

隨著時間過去，有錢人持有的資產比例越來越高

股票、土地、汽車等，都算是「財產」，而「財產」是用來賺「財產所得」的，因此財產分配的狀況，跟所得分配息息相關。過去二十年，台灣的所得不均跟財富不均都在惡化中，也驗證了「富者越富」的趨勢。財產多、賺得金額多，沒關係；但是財產多、「報酬率」高，就有關係。造成「不公平」最大的關鍵，還是報酬率跟租稅政策。

初稿記於二〇一九年五月十二日
修訂於二〇一九年十二月

延伸閱讀

《不公平的代價》，史迪格里茲（Joseph E. Stiglitz），天下雜誌，二〇一三。

《財富大逃亡》，迪頓（Angus Deaton），聯經，二〇一五。

《富稅時代》，祖克曼，寫樂，二〇一五。

為什麼Amazon拿不下紅白葡萄酒的零售市場?

網紅書籍《四騎士主宰的未來》一書中，作者描述了Facebook、Google、Apple與Amazon四個網路時代的巨人（作者稱之為四騎士），如何改變了傳統經濟運作的規則。四騎士中Apple賣的是商品，它的角色比較不同。其他三個騎士都是大規模運用、甚至創造了網路時代的商機，都是「引領風潮」的高手。所謂「引領風潮」，靠的就是網路效果（network economy）。

高科技產品尤其容易產生網路效果

網路效果這個名詞是經濟學者羅爾夫（J.H. Rohlfs）在一九七三年所創，它刻畫出「越多人買某商品，越會增加其他人購買該商品的意願」。羅爾夫最大的貢獻就是證明：有網路外部性的商品，其特性，是其需求曲線不是一般熟悉的負斜率線，而是單峰倒U形，或是雙峰歪斜M字形的。

這樣的需求曲線使得銷售總收益線並不平滑，可能在雙峰之間的波谷處形成若干「瓶頸」，需要突破瓶頸，才能邁向較高的峰頂。這些推論有點技術性，在此不論，讀書可以自行索引參閱。

如果銷售不能突破瓶頸，則廠商只能吸引到小眾消費者（甚至倒閉），那是一種均衡；若是銷售能夠突破瓶頸，則可能會有風行草偃之效；一旦網路外部性開始發威，其效果甚為可觀，那是另一種均衡。總之，有網路效果的市場，有兩種可能的均衡，其一是「小眾均衡」，其二是「大眾均衡」。

所以對於有網路外部性的商品而言，行銷理論中所說的「穿透定價」（penetration pricing）就更為重要：穿透了瓶頸，網路外部性力能發威，才能事半功倍，廠商才能達到「大眾均衡」。

閃電擴張：突破瓶頸的策略

如前所述，發揮網路效果的關鍵，就是突破瓶頸。但是要怎麼突破呢？《閃電擴張》這本書有極為精采的整理。坊間有許多書描述晚近高科技公司的成功案例，但是作者霍夫曼（Reid Hoffman）的洞見更清晰、說理更清楚。

之所以作者這麼厲害，是因為霍氏自己就是矽谷一等一的投資者。Uber、Airbnb、Google、Facebook 等公司，他或則有投資，或則與老闆熟識，所以他的論點都是直接觀察後的分析，不是純粹企管學者的隔靴搔癢。

在有網路效果的場域，競爭像是施展辟邪劍法，「天下武功，唯快不破」，搶先擴張比維持效率重要。企業家即便短暫賠錢，也要火速吃下市場，以求突破瓶頸。這樣的競爭邏輯，造就了「四騎士」與一大群超級成功的高科技業者。

霍夫曼的論述相當嚴謹，但是由於相當非傳統（例如「不要理會客戶埋怨」），我懷疑有幾個做生意的人有這個膽、有這種視野。

網路商機是怎麼來的？

但是，網路風潮之下的商機不可能被一家廠商吃乾抹淨；四騎士再厲害，也沒有能力把各個邊邊角角思考周全。如果我們能夠找到一個切入點，尋找某一位騎士沒有征服的場域，研究該場域未能被征服的原因，思考我們能不能提出特殊的征戰策略，那不是滿好玩的嗎？順此推演，我們也許就有可能尋找到新的商機。

當然，即使找到這些商機，你我未必能從中獲利；實踐商機可能還是需要特殊的資源，也許是我們所沒有的。但是無論如何，這個「思考」的習題是有意義的、有幫助的。四騎士每一個應該都是「大騎士」，我們思考的方向也許號碼小一點。但這沒有什麼關係；當年 Amazon 也是從網路「賣書」開始的，廿年後，他們幾乎什麼都賣，不也成了一方霸主嗎？

《四騎士主宰的未來》一書中作者解說：Amazon 的銷售市場，大都是由傳統銷售管道「搶」來的。傳統銷售管道包括 Walmart、Carrefour、SEARS、Kmart、上新聯晴、街角雜貨店等。統計數字顯示，Amazon 在二〇〇六年到二〇一六年十年期間，其股票價格飆漲了一九一〇％，同期間，SEARS 的股價下挫了九十五％，JCPenney 下挫八十五％；Kmart 跌五十九％；Best Buy 跌四十九％……。整體而言，這段期間，市場的總需求並沒有驚人的成長，因此

Amazon 的擴充都是來自其他零售管道之萎縮，其理甚明。Amazon 不只在美國狂勝；在歐洲，Amazon 二〇一五年的線上零售，也是排名第二名德國平台 Otto 的三倍。

有沒有 Amazon 吃不下來的零售商機？

Amazon 是從網路賣書開始發跡的。一般消費者買書，看看個人書評、媒體評論，讀一下網頁呈現的書摘，就足以決定買或不買了。實體書店如 Barnes and Nobel 實在沒有提供什麼吸引人的賣點，當然打不過 Amazon。實體賣書店唯一還能存活的，大概要像「誠品」這樣的書店，店內的氣氛極為特殊，才可能與網路售書相抗衡。

但是，Amazon 的零售也不是全然的無往不利。有些商品如遊艇、飛機，好像沒聽說哪個白痴富豪會去 Amazon 瀏覽下單吧？即使是價格稍低的汽車、機車，也還是要到陳列展示中心看看摸摸坐坐，才會購買。所以 Amazon 可以擊垮小家電、制式衣著、背包枱燈、面紙廚具、書籍洗髮精等商品的零售，但是完全不影響 BMW 銷售點的營運，更不必提高價商品如飛機、遊艇，其品質觸感需要親身體驗的商品。

那麼紅、白葡萄酒呢？Amazon 賣是有賣，但是只有幾十種，在數百萬種葡萄酒中算是滄海一粟，而且都是平價酒款，完全沒有市場代表性。在紐約街角偶爾有些酒販，他們銷售的葡萄酒也許有百來種，但也是不成氣候，種類有限，高品質酒款也是微乎其微。如果你在台北，要買稍微像樣的酒也不會去大潤發、Costco 等大賣場，還是要到大同亞瑟頓、美多客、誠品酒窖去購買。簡言之，紅白葡萄酒的零售，不但網路零售市場搶不下來，連實體零售市場也搶不下來。為什麼呢？

紅白葡萄酒有什麼特色？

如果你是 Amazon 副總，總裁 Bezos 要你分析「我們能不能把葡萄酒零售市場吃下來？」你要怎麼回答？

首先你要了解，葡萄酒這種商品真的非常複雜。有洲際差別（Europe, North America, South America, Australia-New Zealand, Asia, Africa），每個大洲氣候環境不同。各洲之內有國家差別，例如歐洲，有法、義、德、奧、西、葡、瑞士等，每個國家風土條件不同。一國之內，又有葡萄品種差別，例如 Cabernet Sauvignon, Merlot, Pinot Noir, Cabernet Blanc, Chardonnay, Chablis, Grenache, Shiraz ……，每種葡萄所釀之酒口味不同。同一種葡萄有產區差別，例如同樣是 Pinot Noir 葡萄，Burgundy 有 Romanee, Gervey Chambertin, ChambolleMusigny, Meursault 等十幾個產區，每區陽光日照不同。即使同區，又有釀酒廠、釀酒師不同，例如 Henri Jayer 是當年的釀酒天王，他自己釀的酒或是徒子徒孫釀的酒，同樣的酒款價格都是別人的好幾倍。

但是最複雜的還不是前述葡萄、地塊、酒廠、酒師，而是「年份」。不同年份的酒成長氣候不同，其體質當然不同。麻煩的是，不同體質的葡萄酒其適飲的「等候期」各異，有些要等十年恰好適飲，有些要等十五年才適飲。隨著適飲年份接近，酒價就開始攀升，到達最適點之後，酒體開始走下坡，酒價又開始逐年下降。

讀者可以想想：以上這麼複雜詭異的商品，它的存貨管理有多複雜？它的定價策略又有多複雜？Amazon 有必要為了這一種詭異商品，開發一套獨立的行銷、（恆溫）倉庫、運送、保存制度嗎？小家電不滿意可以退貨；葡萄酒喝一口不滿意，怎麼辦？總不能吐出來退貨啊！

紅白葡萄酒的貨源問題

品質一流的葡萄酒還有一個問題：許多一流酒款是小農生產，一年總產量僅僅數千瓶。法國小農尤其有個性，他們不喜歡炒作價格，覺得釀出來的是醇汁玉露，被死有錢的土豪喝掉是糟蹋了。幾十年或是百餘年來，他們都是親子相傳，幾乎只把好酒賣給老主顧、老朋友、老經銷商。

以台灣為例，Leroy 釀的紅白酒、Egon Muller 的甜白酒、教皇新堡的 Henri Bonneau、澳洲膜拜酒莊 Clarendon Hills 的星光園……，全台灣都只有唯一的代理商。Amazon 就算把紅白酒的存貨管理、倉庫運送規劃得再好，你沒有貨就是沒有貨，又能怎樣？如果有許多酒款都有「獨家代理」的情形，則 Amazon 的貨品清單就殘缺不全，消費者就對在 Amazon 買酒沒有興趣。如此，則 Amazon 優勢何在？而 Amazon 即使想要拿下上萬種葡萄酒的代理權，大概也做不到；一則因為代理權背後有老主顧、老朋友的關係，二則也有「划不划得來」的成本考量。

消費者買小家電，基本上看看耗電數據、保固期限、網路評語，就可以下單了。但是因為葡萄酒的品類、年份知識太複雜。這些幾十萬、上百萬種不同品項酒款的知識，網路上不見得都有，而即使有資訊，也沒有辦法「為個人特定需求而做整理」。因此，很多需求者都是需要「被教育」、「被影響」的。這也是他們仰賴傳統葡萄酒銷售人員，不能靠 Amazon 的原因。

所以，你大概了解為什麼葡萄酒市場 Amazon 吃不下來了吧？

初稿記於二〇一九年二月二十八日

修訂於二〇一九年十二月

延伸閱讀

《閃電擴張：領先企業如何聰明冒險，解開從1到10億快速成長的祕密》，雷德．霍夫曼、克里斯．葉（Reid Hoffman & Chris Yeh），天下雜誌，二〇一九。

《四騎士主宰的未來：解析地表最強四巨頭 Amazon、Apple、Facebook、Google 的兆演算法，你不可不知道的生存策略與關鍵能力》，史考特．蓋洛威（Scott Galloway），天下雜誌，二〇一八。

《神之雫》，亞樹直，尖端，二〇〇六。

Shapiro, C., Carl, S. & Varian, H. R. (1998). *Information Rules: a Strategic Guide to the Netwok Economy*. Harvard Business Press.

政治與圈套

說兩則關於吳音寧的故事

韓國瑜與吳音寧是台北農產運銷公司的前後任總經理。柯文哲市長原本任命韓先生做總經理，後來因為北農大股東農委會的建議，換下韓，換上吳。吳音寧上任後爭議不少，許多媒體評論她是「實習生」，因為她在市議會質詢時回答不了議員的問題。另一方面，韓國瑜卸任之後則參選並且選上高雄市長，然後又代表國民黨參選總統，所以韓／吳二人，明顯成為政壇「對照組」。

韓國瑜先生宣布要選總統時，才當上高雄市長大約半年。當時，我還在日內瓦當台灣駐WTO大使。回台之後翻了一下韓先生的新書《跟著月亮走》。我想，與其評論此書，不如聊一聊韓國瑜的對照組——吳音寧小姐。

搶農水、賣農水的園區規劃案

二〇一二年三月我就任國科會主委，上任後立刻面對沸沸揚揚的「中部科學園區四期（二林）園區」的種種問題。我以下說明全憑記憶，數字可能小誤，方向應該是對的。原本二林園區的規劃，是每天用十六萬噸的水。該地根本沒有水源，於是在可見未來，要向彰化農田水利會買水，每度一．五元，所以每天差不多二十四萬元。農田水利會的水如果給農民用，是沒有額外收入的，但是賣給園區就是額外收入，賣越多賺越多。因此，原本的園區規劃案，也是變相的「農田水利會賣水案」。請注意：是農田水利會賺錢，不是農民賺錢。

可是農水若是賣給園區，那麼農民灌溉怎麼辦呢？當時的中科管理局告訴我：農水其實夠用，不賣也是白白流到海裡。我去現場看，施工單位在引水渠道的中上游就將原本的農水渠道「截阻」，另以管線輸水至園區。這表示，中下游以後的農水渠道的流量將減少。可是，截水管與農水渠道自中上游起「平行並走」數公里，表示這確實是從中上游「平行截搶」農水。由於二林科學園區並非在上游，如果農水真的夠用，到幾公里之後的中下游再引管「接水」就好了，何必這麼早引管「截水」呢？

我再問：二林園區一定要用這麼多水嗎？中科園區人回答：因為產業需要這麼多水。我問：哪些產業？回：友達的面板廠等。我：可是當時友達財務困難，已經說不去投資啦？園區同仁說，園區規劃時確實友達說要去，而開發計畫業經行政院核定，國科會改不了。

所以，國科會似乎在為一個已經不去營運的用水大戶，闢建一條搶水管線，把水引至「因為官僚體制已經核定而無法更改」的錯誤規劃的園區。我對於前任行政院長（劉兆玄）任內定案的這種「園區規劃」，真的想吐一口濃痰。此外，前述搶農水、賣農水的劇本明顯荒謬，只要任何膝蓋正常的人都看得清楚明白，為什麼中部科學園區的幾位承辦同仁偏偏看不清楚，我也感到狐疑。

弱女子的強勢抗爭

這時候，主角出現了：當時，代表彰化溪州鄉不斷與國科會抗爭、陳情、阻擋大量搶農水、賣農水的，就是吳晟、吳音寧父女，加上中興大學的教授陳吉仲。陳吉仲念研究所的時候是我的學生，但是立場與態度都非常堅定。

國科會當時面臨雙重的壓力：一方，是吳音寧等阻止我們賣農水，說這樣會傷害農民。他們的堅強支持者，就是吳音寧的同學——立法委員林淑芬。另一方，是部分立委不希望我們變更用水計畫（嘿！你猜為什麼？）。我經過仔細研究，還是決定變更開發計畫。因為高耗水的光電事業已經不去園區了，所以國科會將園區產業規劃轉型為低用水的精密機械，每日只用兩萬噸水，比原來的十六萬噸減了八倍。但是新計畫擋了人家的財路：原來賣水收益豐碩的，現在沒收入了。於是，有彰化立委包了十幾台遊覽車北上包圍國科會，要求才上任幾個月的國科會主委下台。我很榮幸，是有史以來唯一被遊覽車包圍過的國科會主委。

此外，我請當時任副主委的賀陳弘（現任清大校長）南下彰化協調，國會聯絡人報告說，當地「地方勢力」對於我的變更計畫非常不滿，建議加派警力保護副主委。事後，我看到一張照片，賀陳副主委開會的時候，一位荷槍警察就站在他旁邊（而不是站在會場四周）。這樣的「貼身保護」，可見當時氣氛的緊張。

因為國科會的變更用水計畫必須要報行政院核定，後續協調非常辛苦。當時的行政院祕書長是林益世，他完全站在彰化立委那邊（你猜為什麼？），行政院長陳冲則完全站在祕書長那邊（你猜為什麼？）。包圍國科會的立委也非常不滿，質詢啦、揚言砍預算啦、羞辱副主委啦！立法院國會聯絡人警告我：主委，要不要申請一位隨扈？我說：國科會交往的對象多為學界教授，主委什麼時候需要隨扈？他說：好像有需要吔。整件事，在林益世案發下台後，才出現轉寰，其細節，唉！不足為外人道也。

吳音寧的灌酒鴻門宴

吳晟父女不了解公務機關（如國科會）沒有權力改變上級機關（行政院）已經核定的計畫，所以他們不斷給我壓力，要立委質詢、找共同朋友疏通等，但是我也沒辦法違法行事，只能努力與行政院協調。

有一天晚上，吳晟、吳音寧臨時加入我與幾位老朋友的聚會，頻頻敬酒。他們說，只要我同意暫停搶農水的引水工程，他們就一路奉陪乾杯。我真的為難，因為當時林益世還是祕書長，行政院就是不准我們變更計畫。但是吳音寧不是有酒量的人，據說，當晚吳音寧慘吐回到彰化溪州。

我事後問自己：他們父女二人這樣賣命求我，能得到什麼？想得到什麼？答案很明顯：他們沒有任何私利可得。你我認識的人之中，有幾個人，會為了不屬於自己的「農水」，這樣撩落去的？吳音寧在二〇一八年爆紅，因為網路上、台北市議會中把她「台北農產運銷公司總經理」一職，醜化得一無是處，說她是貪圖十幾萬月薪的「實習生」。但是經過上述過程而了解的吳音寧，我不相信她是因為台北農產運銷公司的薪水，而攀附這個總經理的職位。她不是這樣的人。

農產運銷公司的官僚運作

第二個故事，是在二〇一七年十月。我因公返國，自二〇一四年國科會主委卸任後，第一次與吳音寧碰面。在場一位台大社會系教授向吳音寧吐槽：怎麼你台北農產運銷公司總經理送的中秋節文旦，水準這麼爛？吳當場非常吃驚。她說：以往年節禮品，都有一定的採購程序，也有一些「利益傳聞」。今年她要求在某天早上突襲標購最高價的文旦，用來送禮，品質應該是最好的啊？

臨時標買，當然就是為了繞過原本的採購流程。我不清楚該公司的採購有什麼樣的問題，但是顯然吳音寧總經理的指令是被嚴重打折，以至於總經理高價標購的公關文旦，理論上應該是高品質，但竟然「非常難吃」，過程中似乎是被搞了鬼。直覺告訴我：這家公司真有點複雜。

吳音寧也許年紀輕、經驗嫩，鎮不住牛鬼蛇神的準公務機關，突破不了利益糾葛錯綜複雜的農產運銷體系。她可以不了解財務會計，但是必須要學習掌握到財報的關鍵。她可以不熟悉議員臨考的若干數字細節，但是上議會備詢之前絕對要周詳準備，表現出對議會監督的尊重。她未必了解春節連休的菜價後果，但是她絕對需要一位能幹的幕僚，掌握政治叢林的脈動，不能小看政治危機處理的門道。

在前述文旦採購事件之後幾個月，我又聽說：吳音寧向人訂購了一批手工甜點要送農曆年年禮，似乎又踩了農產運銷公司的利益線頭。該手工餅乾業者後來在報帳、取款的過程中，吃足了公司採購人員的苦頭，最後還得加贈甜點一批以為「叩首」，才能拿到貨款。一家農產運銷公司的採購人員，可以完全不理會老闆，不甩總經理使用特支費的指令，硬是要插手干預，也是令我瞠目結舌。吳音寧與台北農產運銷公司之間的扞格，背後有複雜鬼影，也是可見一斑。

小故事中呈現的人品

從政治上看，吳音寧的手段、應對、危機處理是生澀了些，才會弄成當年沸沸揚揚的「下台」危機。但是，我不認為這位隻身護衛彰化農水、一無所求的農村女孩，是為了一個月十幾萬的薪水而北上任職的。我也不認為陳吉仲副主委是在用這個職位「酬庸」吳晟父女。大家都不了解農產運銷公司的細節，但是大家也都聽說過這個衙門的利益、黑幕。我想吳音寧最大的資產，就是她「從來就不屬於」這個集團，也「從來不想融入」這個集團。她從來不理會月亮在哪裡，就只會悶著頭往前走。

一個一無所求，單純為了彰化農水，北上與國科會主委拚酒，大吐而歸，過幾天再行抗爭，這樣的人，我是尊敬的。我尊敬她的單純、不計利害。她經歷北農風波之後，絕對要彌補前述的專業瑕疵，也要加強幕僚的政治能量。要挫殺一個政治素人，換上一個「熟悉農產運銷一切」的老手，太簡單了。但是我們得問問自己：這樣，有沒有中了什麼人的計呢？這樣，是在維護農民與市民的利益？

吳音寧被迫下台之後，有幾次我與農委會主委陳吉仲吃飯聊天，詢問吳音寧下台的始末。吉仲說：吳音寧「完全」不在乎議場上、媒體上對她的抨擊與叫罵。我們做過政務官的都了解，政治絕對不是「悶著頭幹」就會成功的；當媒體叫罵到影響民意的時候，政府就必須有所回應了。陳吉仲跟我說：吳音寧淡定的修養，他做不到。我心想，又有幾個人做得到？

媒體描述，吳音寧是誤闖叢林的小白兔，這個描述只對了一半：小白兔似乎應該是潔白怕髒、易受驚嚇的；但是吳小姐既不怕髒、也不受驚。她沒有「誤入」叢林，但是叢林恐怕確實不是她適居之處。叢林裡是永遠看不見月亮的。

初稿記於二〇一八年三月二十八日

修訂於二〇一九年十二月二十三日

延伸閱讀

《北農風雲：滿城盡是政治秀》，吳晟，
印刻文學，二〇二〇。

「永續發展」與九二共識

依據文獻的整理，「九二共識」是描述兩岸政府於一九九二年辜汪會談之後，各自提出對於「一個中國」原則的看法。台灣方面認為一中是「中華民國」，對岸認為一中是「中華人民共和國」，各自認知不同，謂之「各自表述」。蘇起先生在他《台灣的三角習題》一書中，對於「九二共識」的原委，有相當仔細的描述與分析。

九二共識的定義與爭議

這樣的各自表述，可以解釋為共同的了解（mutual understanding），也可以解釋為同意彼此有差異（agree to disagree）。如果詮釋為前者，就叫做共識；如果詮釋為後者，就叫做沒有共識。但是這些都是口舌之辯，不是我討論的重點。

二〇一九年一月二日，習近平於《告台灣同胞書》發表四十週年紀念會上，定調其所認定的九二共識為「海峽兩岸同屬一個中國，共同努力謀求國家統一」。同時，習近平對台灣提出「一國兩制」的呼籲，認為那「最能照顧台灣的情況」。蔡英文總統旋即對此回應，表示絕對不會接受九二共識，並堅決反對一國兩制，呼籲台灣所有政黨不應該再講九二共識。大致而言，對岸對九二共識的詮釋強調「兩岸同屬一中，謀求國家統一」，這是民進黨政府不接受的。

另一方面，二〇一五年後中國大陸政府不斷要求台灣的總統、行政院長等表態其是否接受「九二共識」，甚至用「聽其言觀其行」、「應考答題」等口氣催促回應。對於兩岸不同層面的政治互動，中國政府也動輒以「是否接受九二共識」做為檢查哨，或是要求往來互動的政治人物提出替代論述，例如「兩岸一家親」、「指腹為婚」，做為是否同意進一步交涉的檢查判準。

以下的分析將指出，前述有關九二共識的所有討論，都相當扭曲了「民主」的內涵。本文的目的，就是要從不同的角度解析「九二共識」與民主社會的根本關係，建構一套完整的民主論述。這套論述並非「九二共識」的平行替代論述，但卻具有更高的精神與理念呼喚，與「永續發展」觀念契合。

兩岸的關鍵差距在哪裡？

中國大陸政府窮追不捨地要求台灣政治人物對九二共識表態，一方面反映出中國領導人的民族主義思考，另一方面也反映出他們對台灣的民主制度（甚至是全球各國的民主制度）的陌生。以下分三點說明之。

一、民主與民族的認知差距

中華人民共和國建國迄今七十年，有超過一半的時間都還在做「民族主義」的鬥爭；從早年的抗美援朝、支援越戰、珍寶島事件等，都是在對抗帝國強權。在民族主義者的心目中，今日的帝國侵略就像是昔日鴉片戰爭的延續，都是帝國主義者對中國領土或主權的侵犯。順著這個邏輯，習近平《告台灣同胞書》裡也是細述過去一百多年的民族主義鬥爭史，進而強調領土統一是所謂的「歷史趨勢」。從民族主義的觀點來看，台灣若是不與中國統一，就像是甲午戰爭後領土的流失、主權的淪喪；那是民族主義者刻骨銘心的羞辱。民族主義者強調兩岸人民文化同源、種族同根，不允許同族同胞自外於中國。而拒絕「一中原則」的九二共識，就是「自外」的開始，當然不能接受。

但是對台灣人民而言，「民主」才是最大的價值，絕大多數台灣人民早就脫離了「民族主義」的陰影。台灣大約自一九六〇年起，就邁上了經濟逐步起飛之路，近六十年的經濟發展與民主深化，形塑了可貴的言論自由、新聞自由、學術自由、政治自由、權力制衡、依法行政、公平選舉等「民主」生活方式。對台灣人民而言，即使有血緣文化的親近，也完全不能為此而妥協民主自由的生活方式。鴉片戰爭的民族主義陰影不能喚起台灣人民的認同，尤其不能召喚六十歲以下世代的認同。

此外，中國在二〇一九年對香港諸多自由的打壓、港人諸多民主人士被剝奪人權、異議人士只因言論觸禁就莫名其妙入獄、民選的議員可以被任意撤銷資格等，造成絕大多數台灣人民對「一國兩制」訴求全無信心。而中國在新疆對維吾爾人的恐怖「再教育」，更讓許多人對該政權增添無比的厭惡。簡言之，中國訴諸「民族主義」而期待台灣接受九二共識，在「民主」台灣是完全沒有群眾市場的，是連糖衣都沒有包裹的毒藥。

二、論述主體的定位錯亂

中國完全不了解台灣民主的另一個證據，就是頻頻要求政府高層表態。在集權國家如中國，當然是國家主席習近平說了算。但是在民主國家，卻完全不是這麼回事。讓我們舉英國脫歐之例做說明。

二〇一六年上半年，英國首相（那是英國的「國家領導人」）卡麥隆（David Cameron）多次表示，他反對英國脫離歐盟，他也相信大多數英國人希望留在歐盟。但是英國究竟要不要脫歐，不是卡氏一個人說了算，英國有它的憲政機制。儘管英國首相一再表明反對脫歐，後來二〇一六年六月的脫歐公投卻有五十一．八九％的英國公民投票贊成脫歐。媒體分析，卡麥隆首相的表態在憲政體制之下不但沒有意義，甚至也許還有反效果。

同理，民主台灣也有台灣的憲政體制、修憲程序、公民投票法，由人民來決定將來的前途；這個機制不受任何總統或行政院長之左右。任何個人都可以對九二共識表示意見，但是對於台灣的前途，總統或行政院長的意見與英國首相一樣，也就只是「一個人」的意見。中國政府逼迫任何一個人表態，都反映出他們對民主機制的無知，誤以為其他政權的運作都像一黨集權的中國。中國領導者不了解：在所有民主國家，國家重大政策的論述主體都是全體人民，不是任何個人，不是一小群人，不是任何政黨，當然更不是憲政體制之外的威嚇者！

三、民主決策的約制謬論

習近平主席在二〇一八年會見美國國防部長馬提斯時說，「老祖宗留下來的領土，一寸也不能丟」。當然，這又是以「民族主義」為基調的觀點。在「鴉片戰爭兩百年屈辱」的陰影之下，土地與主權都是列強帝國主義覬覦的標的，退讓就是羞辱，就是對不起老祖宗。所謂歷史必然，其實是民族主義鬥爭對於「領土主權完整」的終極期待。《告台灣同胞書》這一番論述固然禁不起邏輯檢證（老祖宗是夏商周、南北宋、還是元明清？又哪一位老祖宗曾經在南海占礁填島？），但是我們在此要質疑的是：老祖宗如何能約制後代子孫的民主決策？

就算某一位老祖宗定下了某個規矩、提出了某個主張，後代子孫為什麼不能改變？在民主制度下，這個問題的思辨非常簡單：後代當然可以改變祖宗成法，否則就不是民主！

我們再以英國脫歐為例：一九五七年歐洲經濟共同體（ＥＥＣ）成立，英國不是成員。經過了三次的爭取，英國終於在一九七三年成功加入。後來，英國國內爭吵不休，終於在一九七五年舉行了第一次公民投票，以六十七・二％決定留在ＥＥＣ。一九九五年ＥＥＣ改制為歐盟，英國還是留下來，但是不加入一九九九年的歐元區。如此吵吵嚷嚷到二〇一六年，也許由於中東與非洲難民等紛擾，終於執行了「脫歐」公投。至此，英國人民背棄了他們老祖宗四十三年前的決定。到了二〇一九年初，由於脫歐條件談判不順，英國國內又興起「二次公投」呼籲，由公投結果重新決定要不要與二〇一六年的「老祖宗」同一陣線。

所以，什麼是民主？民主不只是「我們這一代」人的決策要循一定的程序，民主必須是指「每一代」人民實踐憲政程序的意志不受扭曲、不被壟斷。如果老祖宗的決定可以約束我們這一代的決定，說我們「不能做這個、不准選那個」，那麼我們現在就沒有真正的民主；如果我們現在的決定不容許未來子孫做改變，那麼未來世代就沒有真正的民主。民主，必須是指每一代人可以隨客觀環境與主觀認知的改變，做自己獨立的決定！所謂祖宗成規，頂多只有情感上的訴求，絕對不應該成為決策範疇的約制。同理，民主也不可以受阿里不達的所謂「歷史潮流」綁手綁腳。

永續發展概念下的民主

也許有人會問：如果民主是指「每一代」人的自主決策，而每一代的人都按照他們自己的意願做決定，那麼當代與未來之間，有什麼銜接呢？難道當代人的民主決策，都對後代沒有影響？我們都關心未來子孫，但是又不能干涉未來子孫的決策，那政治決定該怎麼做呢？

環境經濟學或是永續發展經濟學的討論，應該能夠給上述問題提供一些提示。著名的布蘭特委員會（Brundtland Commission）對永續發展的定義廣為各界接受，原文是這樣描述的：永續發展是「meets the needs of the present without compromising the ability of future generations to meet their own needs」。永續發展，就是要在這一代追求福祉的同時，不減損未來世代追求他們福祉的機會。就政治決策而言，任何我們這一代人所做的決策，都不應該減損或是犧牲未來世代的決策空間。

前述永續概念的政治決策論述，是一種跨世代永續民主的理念。政治人物或政黨當然有他們當代選民的訴求，但是任何當代的政治決定，不能以「限縮未來子孫政治選項」為代價；若然，則當代人就形同在限縮未來世代的決策空間，犧牲了未來世代的民主。舉例而言，「終極統一」或「終極ＸＸ」的論述，就限縮了未來子孫「不要統一」或「不要ＸＸ」的民主選項。這樣限縮未來世代民主選擇的訴求，不符合永續民主的理念，也就不是真正的民主。

就兩岸關係而言，台灣每一個世代的政治人物，都應該要努力維繫、拓展、不減損未來世代的決策空間。如果我們不同意被「老祖宗」約制，我們也就不應該期待自己這一代是「終極決定者」，約制未來子孫的意志。當然，每一個世代的民主決策，必定是不受外力脅迫的獨立自主體制。任何武力威脅的壓制，都是絕對不能接受的。

永續民主怎麼看待九二共識？

如前所述，在永續民主的概念之下，不論是我們這一代或是未來子孫，都不可以強加任何政治決策的外在束縛，否則「不准向左轉，只能直行或右轉」的民主，就是假的民主。習近平主席所定位的一中各表是「兩岸同屬一中，謀求國家統一」，這顯然是限縮未來子孫的選項。這樣的一中各表論述，違反了中華民國永續民主的核心理念。台灣政治人物如果真正尊重民主價值，就難以接受這種「一中各表」。

當然，如果不強調「謀求國家統一」的未來必然性，不去限縮未來子孫的選項，而把「一中」描述成文化血緣的歷史淵源，這樣的論述就比較沒有「約制必然性」，而像是一個歷史血緣傳承的認同訴求。有些人強調這個傳承，藉以舒緩對岸極權民族主義者的衝動。這就只是策略面的選擇，而不涉及民主的核心價值。

就歐盟歷史而言，中東與北非的難民改變了歷史曲線，英國也就改變了留在歐盟的決定；這裡面完全沒有「留在歐盟」的歷史必然。歐盟沒有民族主義的陰影，即使對英國脫歐再不爽，也頂多只能在邊境檢查、關稅減讓表等跨境事務面表示意見，而不能對英國的民主機制置喙。在民主體制裡，人民透過憲政機制做出來的決定，不需要被任何歷史條件所限制。

永續民主的防衛機制

憲法學上有「防衛式民主」（defensive democracy）的概念，容許立法禁止「希特勒式的內造非民主」，亦即利用民主制度的內造寬容，創建一個獨裁體制，結果卻剝奪了未來的民主。

兩岸之間也可能有類似的問題，例如這一代人如果透過公投決定統一於一個獨裁體制，於是後代人就再也享受不到民主。這樣，就像是這一代人嚴重限縮了未來世代的自由選擇空間，當然違反了永續民主的理念。

從永續發展的經濟角度，「不限縮未來選項」可能是透過立法規範（例如種種綠色能源法規減少暖化速度），也可能是道德的自制（例如呼籲綠色生態，不使某些物種滅絕）。就兩岸而言，為了避免決定台灣未來走向的公投變成內造的非民主，某種立法限制應有其必要。這要怎麼立法，需要大家集思廣益。

一種可能的做法，就是在憲政制度下規定：「台灣與任何國家統一的公民投票，必須要以該國（甲）在法制上容許未來以公投方式脫離、（乙）在實務上曾經實踐公投脫離者為限」。立法上我們可以採取較寬鬆的（甲），或是較嚴格的（甲）＋（乙）。基本上，（甲）或（乙）都是要確保未來子孫的民主選項依然存在，也是「防衛性民主」的理念實踐。

台灣政治領導人的民主論述

如前所述，兩岸之間的根本差距在於「民主」，而不是「民族」。只有在受民族主義陰影籠罩的集權中國，才會逼迫台灣的總統或行政院長對九二共識表態、強迫應考答題、要求提出類似「兩岸一家親」的替代論述。民主台灣，絕對要嚴正拒絕這種民族主義式的壓迫，堅持我們的民主立場。一句網路上源起不詳的永續發展論述，可以做為本文的結尾：

We did not inherit the earth from our ancestors; rather, we borrow it from our children.

永續民主看重子孫綿延，而不是祖宗成法。

初稿記於二〇一九年二月十二日

修訂於二〇一九年十二月二十四日

延伸閱讀

《台灣的三角習題：從美中台到紅藍綠，台灣前途的再思考》，蘇起，聯經，二〇一九。

《Drawdown反轉地球暖化 100招》，保羅・霍肯（Paul Hawken），聯經，二〇一九。

大學校長遴選的「反向選擇」問題

有人說，「連總統都可以普選了，為什麼大學校長不能？」對於這樣的論述，我想反問一個問題：「總統可以普選，為什麼大法官不是用普選的？」經過這樣反問，大家應該很明白：一個職位的適當人選要怎麼產生，要依那個職位的性質、功能、任務等面向來決定。校園不是政壇，校長也不該是政治人物，大家一起選校長的結果，台灣的大學會變成什麼樣？

二○○三年教育部有一筆「五年五百億」的特別預算，對國內若干研究型大學給予額外補助，希望其中至少有一所能在五年、十年之後，成為「世界百大」之一。許多人都質疑：如果其他的配套措施（諸如預算使用、人事薪給、校長選舉）不改，光是砸錢，能砸出世界一流的大學嗎？經濟學家分析人的理性決策，也分析種種理性設計的「制度」。在這裡，我們來談一談大學校長的「選舉」制度。在國外，相關討論的專書一籮筐；在台灣，黃俊傑教授也曾著專論。

我們將各大學產生校長提報人選的過程，區分為兩種：普選與遴選。所謂普選，是指候選人名單公開，由廣大的投票人（可能包括數百名教授、職員、學生等學校成員），以一人一票的方式，選出得票最高的為校長人選。所謂遴選，是指沒有公布候選人名單，由少數（例如十幾位）遴選委員，全權選出他們認為理想的校長提報人選。普選與遴選的差別，即在於普選要依循「候選人公開」、「廣大選民一人一票」與「得票最高若干人勝出」幾項民主法則，而遴選制則比較強調候選人不公開、少數人之間的密集討論與彼此說服。

專業職務不應普選

雖然大學法第九條要求大學校長要用遴選產生，國內卻有若干知名大學在兩個制度之間取其中，例如有些學校以數百人的校務會議代表以過半數「可決」取代評比最高票，再交給遴選委員會篩選。大致而言，只要一項選舉制度公開候選人、投票人數廣大、需要評比誰得票最多，不論它如何變體，基本上都是傾向普選的，根本不是遴選。

「連總統都可以普選了，為什麼大學校長不能！」這個問題中值得商榷之處不少。民主國家的總統、民意代表都是用普選的，但各國的大法官經常是由總統提名、經國會同意而產生。為什麼「總統可以普選、大法官不行？」原因是：總統行使的權力涉及廣泛人民的一般利益，需要的是敏銳的判斷與平衡的思慮。但是大法官解釋憲法、對司法案件做終極裁判，需要的則是專業法學法理的掌握與推理思考。以大法官之高度專業性，如果我們社會要「普選大法官」，那會釀成什麼樣的災難，其實不言可喻。因此，在民主國家即使人民做主，但要用什麼樣的方式產生公職主管，也要視情況而定，並沒有什麼「普選是王道」的必然性。

那麼大學校長的業務性質究竟是什麼呢？這個職位究竟有沒有適合普選的邏輯思考呢？要回答這個問題，我們先來探討普選式民主（公開候選人、選民廣大、一人一票、最高票當選）的意涵。

追求卓越，本即與普選精神不合

政經學者何泰淩（Harold Hotelling）與唐斯（Anthony Downs）在半個世紀前就指出，普選的關鍵字就是「中位數」。在任何兩黨或兩股勢力對決的普選中，通常是中位選民成為決勝的關鍵。也因為如此，在我們常見的兩黨競逐環境中，候選人總是宣稱自己「走中間路線、行中道」，希望以此得到大多數人的支持。

但是「中位數」走勢對追求卓越的大學而言，卻是個極為糟糕的概念。台灣很多研究型大學都希望成為「世界一流」。「世界一流」也許難以精確定義，但全世界所有知名大學的校長都會同意，一流大學絕對是指其研究水準之拔尖突出，絕不是指大學的籃球隊冠軍，或是大學的 EMBA 賺錢等等。

研究型大學與一般大學顯然有所不同。其間區別就像是台大醫院與社區醫院一樣；後者只是為了醫病療疾，但前者除此之外，還要從事醫學研發。在知識日新月異的今天，若研究型大學教授的研究不理想，就不可能把知識前緣的內容教導給學生，其教學大概也很難突出。總之，對追求卓越的大學而言，他們的目標是「拔尖」。

為什麼「中位數普選」不適合追求卓越呢？研究就是要創新、突破、走向未知世界。若是某甲在三月五日提出一項突破性見解，某乙在三月七日提出同樣的見解，即便不是抄襲之作，其創新意義也大打折扣。因此，創新突破本身就隱含著拔尖、追求第一的意義。如果大學要在研究上追求拔尖、卓越，則它在制度、薪給、領導、設備等各方面，都需要有配合的設計，否則斷無可能成就其研究卓越。拔尖是追求極值，中位數是呈現平庸，用普選去選出拔尖領導人，這是邏輯矛盾、緣木求魚。

普選的必然庸俗化

台灣早年，政府把「軍公教」視為同質群體，教授的制度與薪給都「公務員化」，所有教授的薪水都是平頭平等的。但最近三十年，國際交流頻繁了，大學教師與其他公務人員的差別就出現了。簡言之，優秀的大學教師，是開「國際標」的；所有其他公務員絕對沒有國際挖角這種事，但是大學教師跨國就業卻是家常便飯。在國際競爭、國際開標之下，大學的「拔尖」就必定要有國際視野。既然大學教授都是國際挖角，大學校長當然更是如此。一九八四年我在念密西根大學的時候，當時校長 Harold Shapiro 竟然被普林斯頓挖去做校長，公布時我們才知道，徒呼負負之餘，也恭喜他的成就受到肯定。此外，Gerhard Casper 原來是芝加哥大學副校長，一九九二年被史丹福挖去做校長；H. Sonnenschein 原來是普林斯頓副校長，一九九三年被芝加哥大學挖去做校長。

日本沖繩大學的校長，歷年來都是外面挖來的大學者，還包括英國籍的諾貝爾獎得主。沙烏地阿拉伯阿布都拉國王科技大學，二〇一八年從 UCLA 挖華裔學者陳繁昌去做校長。這樣的例子，還有上百個。總之，拔尖必然是要全世界尋找人才，而不是在校園裡關起門來普選。

如前所述，拔尖與「中位數」是彼此矛盾的。普選出一位「中位數」的校長，他怎麼可能去推動一個邁向研究拔尖的校園改造？我們當然不可能排除，在極少數特殊情境下，普選碰巧可能選出一位懂得提升拔尖的校長。但這就像中國君主專制幾千年，偶爾也可能出現宋仁宗、漢文帝這樣的賢君，把國家治理得很好。我們怎能以這些罕例，而說民主與專制都差不多？當我們評估制度的時候，當然要評估大多數情況，而不能愚昧地以特例泛論一般。

此外，普選既然要拚最高票，則拉票、拜票、動員、布樁、宴客、黑函、接送投票、檢舉抄襲、指涉賣台、黨派動員等，都是普選廝殺的必備兵刃，台灣的大學教授也都見怪不怪了。依我們有限的記憶，以普選制度產生校長的案例，恐怕極少能倖免以上的弊病。

人選曝光的反向選擇

普選最令人擔心的，其實是潛在候選人的反向選擇（adverse selection）。如前所述，世界一流大學的好校長，經常是「外來政權」，是校外延攬來的大和尚，他們也都願意從原服務大學跳槽，為新大學的卓越發展努力。但是如果要他們來參與名單曝光的普選，他們要如何向原本工作的機關解釋「我想跳槽，正在申請別的職位」？如果競逐成功也就罷了，萬一競逐失敗，他們又要如何以「敗選」的姿態回到原工作機關，央求老同事接受他？

普選或是任何曝光候選人的假遴選，德高望重的清流之士都會望而卻步，這就是反向選擇。如果是公開競選，Harold Shapiro 根本不敢去普林斯頓競選；如果他公開去了，立刻在密西根大學被套布袋，而萬一最後沒選上，下半輩子怎麼做人？就是因為遴選，普林斯頓才可能挖到如此的一流人才。

事實上，全世界任何一家公司尋找副總經理以上的人才，都是委託獵人頭公司祕密進行，然後逐一面試，選擇最優秀的人，定案之後才公布誰獲聘。唯有如此，才會有夠水準的人願意成為候選人。以聯發科為例，他們的技術長是從美國挖角來的；如果當初不是如此，而要他「公開競選」，由公司其他人對候選人品頭論足，此人絕對不可能來申請。台灣幾乎所有大學都要求「公開候選人名單」，不但產生「反向選擇」的反淘汰，也形成了若干校園不同勢力對決的詭異現象。

依大學法，公立大學的校長應該是「遴選」產生。大家自然會產生幾個問題：全世界有哪一所一流大學，一、其校長遴選要經過「大眾公開投票」這個過程的？二、其遴選過程還要當事人先同意「公開競逐」，才開始啟動的？三、其有意「被遴選」者，居然還會對媒體侃侃而談其「競選」聲明的？四、其運作是「哪些人被刷掉大家都知道」的？台灣絕大多數大學校長的公開登記、公開投票、公開落選，都是「競選」，絕對不是遴選。

全世界任何一所一流大學，都絕對沒有「競選校長」的制度；有這種爛制度的，就不可能變成一流大學。二〇一九年大學法做了最近一次修正，可惜修的方向都是枝節，完全沒有維新的氣象。

大學校長是CEO嗎？

最後，來談談大學校長的理想性格。有人說，「大學校長只是CEO」，我完全不能同意。大學有些學院喜歡開授教人如何「創業」、如何才能「成功」的課程。教師在課堂上引導、獎懲、褒貶等，都在告訴學生「如此這般」才是成功。而所謂「如此這般」，當然都是賺大錢、上市上櫃、專利布局等等。

我問一個學生：以上的課程哪裡不對呢？學生說：不對啊！如果我有一個改變社區互動的想法，它也許可以自給自足，但是不可能賺什麼大錢，為什麼不能優先給予引導呢？如果有個學生想做社會企業，學習 Yunus 的推廣，為什麼不該鼓勵呢？又，大學花那麼大力氣去教創業，又有多少老師花時間去了解、扭轉「廢世代」的苦悶呢？學生最嚴厲的批評是：這些老師其實是在搞「創投」，不是在辦「教育」。創投業者對於可能失敗的案子主張早點出清（early kill），免得浪費資源；但是教育家對於魯蛇的鼓勵、打氣、轉軌協助，卻是不遺餘力。

我曾經聽人轉述韓納希（John Hennessy）校長對史丹福大學所做的改變。史丹福不可否認素有「貴族學校」的氛圍，尤其是大學部學生，大部分來自有錢家庭。這些孩子由於從小到大生活優渥，對於外在提供的種種協助、幫忙、支持，比較容易視為理所當然。此外，有錢家庭所成長的子女，在學業鑽研方面往往也傾向「淺層」功夫，也許考試之前苦K數小時，或是討論之時相機應變、表達得體，也就能成績良好。韓氏在上任之初要求：每年大學部新生至少要錄取二十五％或則來自貧窮家庭、或則其為家中第一個上大學的學生。

由於這二十五％的學生不是富家子女，他們比較沒有「視外界協助為理所當然」的慣性思考。他們也特別珍惜這樣一個能夠上名校求學的機會，以「深層」投入的方式讀書、學習。慢慢地，這群為數僅四分之一的學生開始影響、改變原本四分之三的貴族學生。七、八年之後，該校校風產生了明顯的改變。

選不出好校長，大學教育注定失敗

CEO與校長的差別，也許就像創投業者與教育家的差別。教育家對失敗者的疼惜，可能遠大於其對成功者的關注。我講不上來，也許關鍵在於人文關懷吧。沒有對學生的真誠關懷、對提攜下一代的熱情，大學就只是個優勝劣敗的提前篩選。但是教育，不該是如此！

大學教育一方面要拔尖，另一方面還是要「啟蒙」。拔尖需要視野、見地；啟蒙需要關懷、提攜。不論是拔尖或是啟蒙，都需要優秀校長的引領。普選只能選出中位數的政客，絕對選不出好的校長。

初稿記於二〇一八年五月一日

修訂於二〇一九年十二月

延伸閱讀

《大學理念與校長遴選》，黃俊傑，樂學，一九九九。

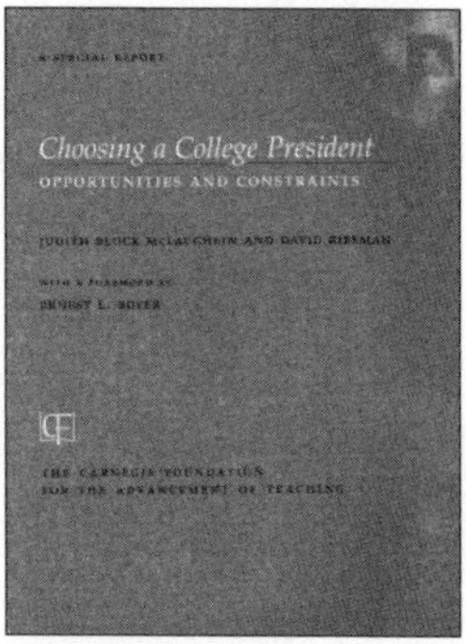

McLaughlin, J. B. & Riesman, D. (1990). *Choosing a College President: Opportunities and Constraints.* Princeton University Press.

中國症候群

《中國的亞洲夢》能實現嗎？

——從韜光養晦到一帶一路

一九九二年鄧小平南巡之後，對周遭幕僚說，「中國還要再韜光養晦幹個幾年，才能有較大的政治力量。」言下之意當然是：當時中國的國際政治實力還不夠，還需要拚一陣子。我們以GDP來看，一九九二年中國的GDP是四千兩百六十九億美元，而美國當時是六兆五百三十九億，台灣是兩千兩百三十一億；台灣是中國的一半多，美國是中國的十五倍。中國在一九九二年實力不足，不在話下。但是「一陣子」是多久呢？沒有人有標準答案。

從韜光養晦到大國崛起

在二〇〇八年金融海嘯之後，歐洲、美國的銀行受傷慘重，房市、股市、就業市場都哀鴻遍野。依照凱因斯學派的理論，這麼大規模的蕭條需要大規模的政府支出，把有效需求撐住，才能度過危機。可是政府支出需要錢、需要支出標的（例如修橋鋪路），但歐美政府要花不少銀子收拾國內金融市場的爛攤子，所能支出的預算相當有限。另一方面，已開發國家也沒有那麼多橋與路要修要鋪，支出標的也有限。

此外，全球的有效需求是相互支援的：美歐如果有效需求不足，他們的GDP就撐不起來，購買進口商品的能力也就打折，如此其他國家的出口就會減少，其他國家的有效需求也就不足，整體凱因斯乘數效果就起不來。

斯時也，全球大經濟體中唯一還有巨大政府支出能力，也有足夠支出標的的國家，就是中國。中國的經濟發展是從東南沿海城市（例如深圳、上海）開始的，西北與內陸地區落後幅度極大。大西北不但基礎建設如公路鐵路密度不足，就連一般家庭的小家電都不普及。於是，中國就順理成章扮演全球重要的「有效需求」救援投手。中國單單一句「家電下鄉」，就創造了極大的民間需求，吸收了許多家電廠商的產能，也填補了全球的有效需求缺口。沒有中國的強大內需，全球有效需求根本拉不起來。

總之，二〇〇八年之後，憑藉著「唯有中國能做金融海嘯後的救援投手」的風光，中國領導人的信心大增，逐漸把鄧小平韜光養晦的教訓拋諸腦後。尤其是習近平，他上任之後幾年的談話，都是「大國崛起」、「和平崛起」、「一帶一路」、「亞投行」等，儼然有大老之勢，既不韜光也不養晦。尤有甚者，中國在南海大規模占礁填島，也是不把美國放在眼裡。中國推出「中國製造二〇二五」計畫，更是擺明了要在5G、航太、製藥等十個產業，取代美國的領先地位，要在二〇二五年取得全球領先。有些拍馬屁的中國評論者就用「厲害了，我的國」做奉承，趾高氣揚。

一帶一路是幫忙還是侵略？

但是到了二〇一八年底，美國CNN電視網卻報導，中國幾乎在全球是四面楚歌。為什麼會這樣呢？我們用「一帶一路」做例子，當能略知梗概。

一帶一路是習大大在二〇一四年推出的大規模建設計畫，包括陸上的現代絲路，遍布中亞、南亞、西亞、東歐。海上則像是鄭和下洋路線，西達印度洋沿岸。有人將一帶一路與二戰之後的馬歇爾計畫相比，其實是不倫不類。馬歇爾計畫的背景是二次大戰之後，美國擔心蘇聯染指西歐，乃經援西歐諸國，幫助他們快速復原，健全民主體質，以免蘇聯共黨勢力乘虛而入。馬歇爾計畫沒有期待什麼西歐國家的回報，美國確實希望西歐快速站起來，美國只要得到「西歐不被蘇聯赤化」的間接回饋而已。大家心裡要有一個基本觀念：西歐民主國家制度極上軌道，鮮有極權獨斷的皇帝型領導能夠一言九鼎。美國即使希望西歐能回報，頂多也就只能討好西歐各國選民，希望他們能用投票的結論，對老美好一點。

但是一帶一路則不然。中國在這些地方的建設投資，或則要求天然氣輸送契約（中亞）、或則要求租用港口（印度洋沿岸）、或則是抵押貸款收利息，幾乎每個計畫都有相對的利益條件。在《中國的亞洲夢》一書中，作者清楚解析了許多計畫的陷阱：有的用極惡劣的條件強徵土地、有的用極高的利率給予貸款、有的在對方無力償債時強予沒入抵押、有的完全沒有回饋地方、有的甚至是徇私舞弊欺負當地人民。依據該書，大概我們平常能看到的投資案弊端、經濟強權的霸凌，在一帶一路上都看得到。再加上中國在南海的強勢、對美國的智慧財產權侵權、在新疆對維吾爾族「再教育」等，每一件都惹人嫌，無怪乎CNN在二〇一八年用「四面楚歌」來形容中國的處境。

中國在一帶一路所犯的錯誤，依作者的觀察，就是「以幫助之名、行霸權之實」。中亞、西亞、印度洋沿岸的國家都不算富裕，計算投資利弊、貸款合約的能力也不夠精明，各國政治清明度也都還有進步空間。中國若是抱著寧願自己吃虧的心理去這些地方經濟援助，那就是幫忙；但是如果中國在這些地方一個個都吃乾抹淨，那就絕對是搞霸權。偶爾一案烏煙瘴氣還可以說是執行誤差，但是一拖拉庫案子都吃乾抹淨，絕對就是帝國擴張，就是「不和平的崛起」。

除了經濟威脅，還有安全威脅

二〇一八年十二月一日，加拿大警方應美國政府司法互助要求，逮捕在溫哥華轉機的中國華為公司副董事長兼財務長孟晚舟。美國紐約東區聯邦地區法院指控，孟女士涉嫌違反美國出口管制，向伊朗出售敏感科技，並以假帳資料掩護。在此之前，美國已經禁止其政府部門使用華為生產的通訊設備，並且要求其盟邦日、義、德等國家也不要使用，因為美國擔心有資訊安全的漏洞。不止美國，紐西蘭在二〇一八年十一月宣布禁用，英國的 Vodafone 公司也於二〇一九年初宣布禁用華為。一帶一路的工程，只要是與資通訊有關的，全部是用華為設備。華為究竟會產生什麼樣的資安漏洞呢？

台灣對華為的資安疑慮，也有不少討論。前行政院長張善政認為華為生產的是硬體設備，沒有什麼嚴重的問題，但是資訊學者有不同的看法。二〇一九年二月，英國的情報單位居然也說華為的因素是「可受控制的」，一時之間似乎眾說紛紜。

以上的辯論，其實有一點哲學觀點的差別。有些人基於「經驗主義」，認為論者一定要提出華為侵犯資安的實際經驗與例證，才能推論華為設備之資安風險。但有些人基於「理性主義」，認為只要提出足夠的證據得以推論「資安能夠透過如此這般的管道被干擾」，那就夠了，不必「真正有干擾被活逮」的經驗。就資安而言，我比較接受「理性主義」。通常，我們經過暗巷，看到兩旁遊手好閒的兄弟覬覦的眼神，就足以判斷「那個暗巷不太安全，要避免經過」。大概沒有哪個白痴要「親身經歷一次搶劫，被狠揍一頓」，才能判斷暗巷安全與否。

此外，資訊安全的層次分很多種，有些是常態性竊取資料或是監聽，有些則是在關鍵時刻給予致命一擊。如果是後者，則經驗主義完全派不上用場，因為平時就還不是關鍵時刻，華為的後門程式還不到啟動的時候；你要找經驗證據，當然找不到。但是二〇一七年，確實有一件事例，可以提供做為「類似經驗證據」。

如何讓無人飛機全部停飛？

二〇一七年六月底，中國國家主席習近平赴香港參加「香港回歸二十週年」慶典。由於當時香港抗議民主自由受限的活動越來越激烈，港府採取了諸多防衛措施。許多媒體報導，在習近平訪港期間，香港所有的無人飛機都無法升空。我們當然了解無人飛機可以攜帶爆裂物，其對於安全防護有威脅。但問題是：為什麼幾百架、上千架的無人飛機，會「同時」無法起飛？

依據《科學人》（*Scientific American*）的報導，無人機就像是加裝了翅膀與螺旋槳引擎的小電腦，其小電腦操控要靠手機。電腦裡的GPS一方面告訴飛機它當下的位置，另一方面也告訴它與其他無人飛機的相對位置，以免互相干擾。手機要如何指揮飛機呢？手機透過WIFI，跟無人機通信溝通，知道無人機GPS所標示的位置，控制無人機做拍攝、噴灑特定物質等。拍攝的資訊，也可經過手機，經過基地台的接力傳送，傳給特定公司（大疆、華為）的雲端。

以上的操作，需要幾個環節：WIFI需要經過路由器（router）、GPS上傳的衛星需要回應、無人飛機上的小電腦需要接受訊息並發出指令、各個基地台需要接力傳遞訊息、手機的通信營運商需要接收傳送手機的指令。前述這些環節中，除了無人飛機是大疆（DJI）生產、北斗衛星是中國幾個大科研院與軍工集團共同開發之外，其他諸如router、基地台設備、手機，在香港多為華為所生產。

如果中國是要常態性竊取無人飛機所拍攝、收集到的資訊，那麼確實會在諸多環節留下證據（例如所有的空拍資訊都有流向某台電腦或某個平台）。但是如果華為的目的只是要埋藏一個後門，在必要的時候癱瘓無人機，那麼非常簡單：只要在習大大訪港期間癱瘓某個功能，就可以了。例如，北斗衛星可以在特定時刻告訴地面錯誤的GPS訊息，那麼無人飛機就飛不起來。基地台只要接收到手機打開控制無人機的APP，基地台就直接癱瘓該APP，手機就指揮不動無人飛機。換言之，如果任務限縮在「關鍵時刻的不作為」，只要掌握通訊設備，華為就絕對做得到，而且在關鍵時刻到來之前，絕對不會被發現。

比停飛更恐怖的關鍵時刻的不作為

前述「關鍵時刻的不作為」，範圍會不會太窄呢？我們想像一下作戰的情況吧。中國在一帶一路最常建設的項目，就是鐵路、網路、公路、港口、發電廠等。這些設備都是可以輕鬆安裝間諜後門程式的。比照前述無人飛機全部停擺之事例，如果中國要在關鍵時刻讓某一條鐵路的某一段停擺、或是火車對撞、或是電力短路、或是燈號全錯，應該是易如反掌的。問題是：究竟有沒有這個後門程式呢？

電子時代的作戰情節、外包晶片如何癱瘓掉敵方的戰機與軍艦，可以參看《幽靈艦隊》一書。如果要防範關鍵時刻的癱瘓，美國幾乎每一個資訊環節都不能假手中國。一帶一路沿線的所有國家，幾乎把所有基礎建設完全讓中國代工，萬一將來有衝突，他們注定是中國的俎上肉。

假設提供 router 或是基地台設備的廠商是微軟、Qualcomm 等，他們是美國公司，雖然「美帝」也有地緣政治的野心，但是民主社會的美國政府被多種力量制衡，政府與廠商之間實在沒有什麼指揮隸屬的關係。但是華為呢？華為的老闆原本是解放軍的上校，在中國政府的支持下奇蹟式拓展，公司裡有中國共產黨「黨委書記」。怎麼看，這家公司都像是「兩旁有兄弟覬覦的暗巷」。我們就算沒有經驗證據，要如何發揮理性思考，就看你智商是不是只有一五七開根號了。

初稿記於二〇一九年二月二十日
修訂於二〇一九年十二月二十三日

延伸閱讀

《中國的亞洲夢：一帶一路全面解讀，對台灣、全球將帶來什麼威脅和挑戰》，唐米樂（Tom Miller），時報，二〇一七。

《幽靈艦隊：中美決戰2026》，彼得・辛格、奧格斯・柯爾（P. W. Singer & August Cole），八旗文化，二〇一六。

Hook, S. W. & Spanier, J. (2012). *American Foreign Policy Since WWII 19th Edition*. Cq Press.

《出賣中國》與《金錢密界》的結合

一九七九年中國大陸開始「改革開放」，但是反彈聲浪不小。一九九二年鄧小平「南巡」，發表了「南巡講話」，中國的改革開放才開始大步向前走。但是究竟什麼是「改革開放」？這裡有不少值得探討的問題。

從中國大陸改革開放談起

我們純粹從表象觀察，改革開放，好像是「從原本集權規劃、吃大鍋飯、計畫經濟的體系，部分改變為市場經濟」的過程。我們說「部分改變」，意指有些部門、有些產業、有些地區開始接受市場經濟的運作法則，但是其他的部門或地區還暫未改變。

前述「部分改變」，其實是中國集權統治下，政治操作的不得不然。一九七六年毛澤東死亡，把中國搞得元氣大傷的文革才正式收場。文革結束之後，中國共產黨高層有翻天覆地的權力鬥爭，批鬥了「四人幫」。至一九七八年，鄧小平正式復出，才真正掌握權力，推動「改革開放」。

雖然鄧小平想改變，但是毛澤東統治數十年的中國，其官僚觀念、權力結構、大鍋飯思想，其實是根深柢固的，整個國家都還在「左」與「右」的鬥爭陰影下搖擺拉鋸。小鄧的改革，只能一步步來，而且要顧及大家的面子，對既有僵化觀念虛與委蛇。小鄧無論如何，得借共產主義這個「殼」，把他想做的事情「借殼上市」。

當時有人說要走資本主義路線，有人說要繼續社會主義路線，吵擾不休。一九八〇年代北京流行這樣一個笑話：某個丁字路口，向右路標指通往資本主義，向左指通往社會主義。柯林頓到了路口，毫不猶豫右轉；葉爾欽到路口，考慮了一下，還是向右轉；鄧小平南巡也經此路口，他下車把路標對調方向，然後右轉。所以簡言之，中國自一九九二年鄧小平南巡講話之後，就是在走資本主義路線，但是身上還是揹了個「共產主義、社會主義」的殼。

中國與蘇聯經濟轉型模式差距

中國大陸從共產制度逐步走向市場經濟的做法，與蘇聯、東歐極為不同。一九八九年柏林圍牆倒塌，導致蘇聯瓦解，東歐各國也向資本主義的方向前進。東歐諸國之間或有國家大小不一、恩怨情仇複雜的情境差異，但至少俄羅斯與中國兩個大國是比較相似的（兩國均統一久矣、原本都著重國防工業、國內的民族問題沒有東歐那麼嚴重），恰可做為比較的基礎。

中國當年的改革開放，是所謂「摸著石頭過河」，沒有什麼經濟學大師在後面下指導棋。鄧小平先是開放深圳等「特區」、「示範區」，小規模地實驗資本主義，讓習慣吃大鍋飯的共產社會逐漸接受，然後再慢慢擴大到不同區域、不同產業。但是俄羅斯與許多東歐國家，則在一大群國際貨幣基金會大尾經濟學者的指引下，大膽採用了完全不同的改革策略，稱之為「休克療法」。休克療法有三個重點，其一是快速將國有企業私有化，其二是儘速使價格機能開始運作，包括匯率、利率的自由化等；其三是減少政府支出，儘量維持財政平衡。

休克療法的三件事看起來都十分合理，也得到ＭＩＴ、哈佛大學等經濟學教授費雪（Stanley Fisher）、薩克斯（Jeffrey Sachs）等人的大力支持。美國前財長桑默斯（Larry Summers）甚至聲稱，這些改革方向在ＩＭＦ等主流經濟圈有相當共識，稱為「華盛頓共識」。有了這麼多大尾經濟學者背書，又有千載難逢的制度變遷機會（由社會主義走向資本主義），還猶豫什麼？幹吧！於是俄羅斯、東歐諸國皆採行了休克療法。當時，連諾貝爾獎得主史提格里茲持異議，都只能算是少數派，無法產生什麼作用。

於是，這個世界上發生了少見的「轉型」實驗，一個樣本是中共的「摸石過河」派，另一個樣本是蘇聯的「休克經濟」派。要實驗多久後驗收成果呢？十年、二十年夠了吧！實驗的結果是：不論就GDP成長或吉尼係數（所得分配不均度）來衡量，休克療法皆慘敗，中國大陸以成績論遠遠勝出。就以實質GDP成長來看吧，一九八九至二〇〇八年間，中國的平均年成長率為十四．二六％，而俄羅斯是五．五一％，而後者前八年GDP甚至近乎腰斬；兩者相差懸殊至此，還能吵什麼？

經濟轉型過程中誰在獲利？

雖然中國與俄羅斯「由集權經濟轉型為市場經濟」的模式不同，但是卻有一些共同點：轉型過程中，大筆大筆的利益流向極少數人的口袋。就「國家利益流進私人口袋」這一點而言，中國與俄羅斯恐怕都一樣爛。

我們先來看看中國的情況。在《出賣中國》一書中，作者描述中國各個階層的貪污、腐敗、尋租（rent-seeking）、黑道霸凌、官商勾結、竊取國產、徇私牟利等實例。就資料而言，這本書所蒐集完全來自「已經公開」之案件，或已起訴、或已司法定讞、或有大量新聞報導，正確性不容置疑。這些資料有不少數字，諸如刑期、賄賂金額、涉案層級等。我們由這些資料可以大略了解中國裙帶資本主義之嚴重，但是要論其成因、議其結構、預測其趨勢，除非自己曾經有涉案經驗，否則是不可能深入探討的。

如《出賣中國》書中所述，幾乎所有嚴重貪腐案件中，都有中國共產黨「地方黨委書記」涉入，可見這個黨不只是腐爛的一環，而且是腐敗的源頭。這麼腐爛的黨員高幹、太子黨及其裙帶，與當年陳獨秀、李大釗等人「共產」的公平理想，其距離豈止以道里計？鄧小平南巡的時候說，改革開放就是要「讓一部分的人先富起來」。但是如果先富起來的都是共產黨高幹、太子黨，都是號稱「為人民服務」的共產黨員，都是徐才厚、薄熙來等黨的明日之星，那就是腐敗到了極點。

俄羅斯裡的「普丁裙帶」

再回過頭來看俄羅斯的狀況。在休克療法之下，假設某甲原本是蘇聯飛彈工廠的廠長。現在，一切訴諸「市場」。公開市場上當然不會有「飛彈需求」，你要某甲及其員工怎麼辦？休克療法若強行解雇某甲，當然就逼出一批「軍方退休黑手黨」，廠長是老大，員工是幫眾。在解散飛彈工廠之前，他們最可能的做法有二，其一是以種種理由扯改革的後腿，其二是用種種方法掏空「飛彈公司」，圖利自己。例如，把飛彈做小一號，賣給中東恐怖分子；或是把飛彈的導航改成汽車的GPS，與蘇聯軍事衛星連結導航，然後在市場出售GPS圖利，利潤全入私人口袋。就這樣，蘇聯解體十年之後，經濟確實近乎休克，其高科技武器公司確實轉為生產民用商品，其所有權全都落入高官裙帶之手。

二〇一六年，巴拿馬文件（Panama Papers）被揭露，上面記載了一拖拉庫的海外註冊的避稅公司，包括許多俄羅斯科技公司。這些資料彙集成書，就是《金錢密界》。從記錄上看，這些科技公司股票最大持有人居然是一名俄羅斯大提琴家。大提琴家投資科技股票？不是的。記者判斷，他應該只是普丁的「人頭」啦！

不論是休克療法或是摸著石頭過河，都一定會產生裙帶資本家，使他們完全不經市場淬鍊就一夕成為巨富。休克療法一次釋出一拖拉庫的利益，摸著石頭過河則是一步步慢慢地釋出。就裙帶經濟而言，這兩種模式恐怕是難兄難弟，差不多爛。

此外，中國的摸著石頭過河，是從地方、鄉鎮一個個試點，所以腐敗是從地方逐漸往中央擴散，像是「皮膚炎」。但是俄羅斯的休克療法卻是中央／地方一起市場化，貪腐處處，像是「淋巴炎」。炎症蔓延的速度越快、部位越大，所造成的貪腐就越重。所以整體而言，俄羅斯的貧富不均遠比中國嚴重，這也是《世界不平等報告》一書呈現的結果。

摸著石頭過河＝試點

小鄧當年「摸著石頭過河」的方案，後來就逐漸成為中國的「試點」——在某個縣、某個特區先試試看。「試試」並不見得是要看出什麼負面後果，而是要安撫中國共產黨裡的保守派，免得他們反彈。在一九八〇年代，中國連「某甲聘僱七個員工」這種小事，都有人質疑可不可以。在傳統共產黨的觀念裡，某甲聘人，那麼甲就是資本家，被聘的人就是勞方，那就是走向資本主義，甲就是小資產階級，隨時可能被批鬥。這樣的試點一步步往前走，摸著石頭站穩下盤，鄧小平才沒有被中共內部的保守勢力擊垮。

有人對鄧小平主導的中國改革開放頗多讚許，甚至有人認為中國共產黨主導的「社會主義市場經濟」，是成功的經濟發展模式；我不同意這種看法。文革之後的中國，幾乎像是一個人身體虛到極點、營養爛到極點。如果醫生、營養師把這樣一個廢人養好養壯，不能說這醫生、營養師沒有功勞，但是更應該問的問題是：是什麼樣的制度、體系，能把一個人糟蹋到這種程度？

我們不能只看過去三、四十年中間的經濟成長率，而要問：為甚麼中國在一九九二年鄧小平南巡時，GDP還是那麼低？我的看法是：所謂社會主義的市場經濟實在沒什麼了不起的好，而是毛澤東及其主控黨國，活生生把中國的經濟發展延後了三十年，在一九四九年到一九七九年之間，諸政敗壞，國事靡爛。正因為基礎太爛太差，也才有鄧小平一九七九年之後的揮灑空間，這又有什麼值得誇耀的？

將來如何呢？

普丁當俄羅斯總統，從二〇〇〇年迄今，已經二十年了；習近平當中國國家主席、中國共產黨總書記，也已經八年。這兩個共產黨執政的樣板國家，雖然都已經實質走向市場經濟，但是都還是揹著「社會主義」的殼，都在國內實施集權統治，都有極為不平等的財富分配，都有一整掛的高官裙帶貪腐，領導人的任期都是沒完沒了的「帝制」，都沒有任何制衡力量。不論是休克療法或摸著石頭過河，結果都是半斤八兩。

也許更根本的問題是：集權國家的集體主義，其國家的「目的」究竟是什麼？是誰來決定這個目的？所謂摸著石頭「過河」，河的對岸是什麼？如果集體主義在邏輯上就定義不出對岸，那麼怎麼過河，又有什麼差別呢？

二〇〇二年我做國科會主委，廢掉了幾位生命科學大院士在國內行之有年的「期刊評點加分制」。這個制度為了鼓勵大家發表在知名優秀期刊，少登二、三流期刊，而設計出計點加分制，非常僵化，也有一些流弊。我當時引用《金剛經》一段話：「汝等比丘，知我說法，如筏喻者，法尚應捨，何況非法。」以為說理。普丁與習近平都不知道「彼岸」究竟為何，所以捨不下統治工具、捨不下集權、捨不下一切。俄羅斯與中國的前景我都看衰，因為集體主義就是對「彼岸」講不清楚，說不明白。竹筏造得再好，又有何用？

初稿記於二〇一九年三月二日

修訂於二〇一九年十二月二十三日

延伸閱讀

《金錢密界：深入巴拿馬文件背後的離岸金融運作，揭開全球政商名流不為人知的藏金祕密》，傑克・伯恩斯坦（Jake Bernstein），天下雜誌，二〇一八。

《出賣中國：權貴資本主義的起源與共產黨政權的潰敗》，裴敏欣，八旗，二〇一七。

《普丁的國家：揭露俄羅斯真實面紗的採訪實錄》，安娜・葛瑞兒（Anne Garrels），馬可孛羅，二〇一七。

一個富裕但不民主的國家

諾貝爾經濟學獎得主沈恩（Amartya Sen）在其著作《正義的理念》中說，只有極權國家才會有大規模的饑荒。原因是：糧食其實是能引進的、夠賑災的；只是極權體制的種種僵硬，使得糧食偏偏就是到不了飢民手上，而且此種體制僵硬無從修正，所以才會產生饑荒。

美國後悔把中國帶進WTO

同理，文化大革命那麼荒謬，天怒人怨，但非得要老毛死亡才可能停止，因為中國的極權體制僵硬到完全沒有修正獨裁者的可能，毛澤東不死就會一直繼續文革。而且即使毛澤東死了，他那種像是有如瘋狗、喪心病狂的統治，在僵硬的體制下還是沒有人敢批判。所以簡言之，極權體制的缺陷、缺乏彈性，似乎要在極端惡劣的環境下（例如饑荒、文革），才能凸顯。

美國前總統柯林頓（Bill Clinton）誤以為把中國拉進市場體系、人民富裕了，就會自然走向民主、更好對付。美國一些人（如Peter Navarro）以今日情況批評柯氏，認為當初他「富裕會走向民主」的判斷是錯誤的。我認為這些批評是對的，但是其背後的推理卻是錯的（right for the wrong reason）。

中國富裕了卻更難對付，主要是因為：富裕之下的中國更能避免極端惡劣的經濟環境出現，因此他們僵硬的體制性缺點，也就更不容易被極端逼出原形。

相反地，中國的「僵硬」，反而更能強化這個極權國家對西方的「強硬」，也更讓西方頭痛。例如，諾貝爾和平獎傳統上是由瑞典皇家學院主辦，但是由挪威頒發。二〇一〇年瑞典宣布中國異議人士劉曉波獲和平獎。中國政府大怒，要求挪威不准給劉氏入境簽證。挪威不從，中國就以此為由，禁止挪威鮭魚進口九年，展現其莫名其妙的強硬。又如，他們可以五十年持續抵制（甚至報復）給達賴喇嘛簽證的國家。這種「家境富裕、精神失常、不肯服藥、暴力傾向」的僵硬症候群，才是柯林頓把中國引進WTO的關鍵錯誤。

統治者為人民服務，有多難？

中國過去三十年，確實變強了，但是對於人民的箝制壓抑，卻是日益嚴重。對中國而言，經濟成長只是麻痺人民、令他們在舒適生活下不致反抗的鴉片。北京天安門廣場上有毛澤東所寫「為人民服務」五個字。但那是狂犬病患者的深夜囈語，與極權統治的現實差距十萬八千里。中國政權離人民福祉，非常非常遙遠。

艾思莫魯與羅賓森（Daron Acemoglu and James A. Robinson）都是赫赫有名的經濟學者、政治學者，著作等身，論述質量絕佳。由他們於二〇一九年共同撰寫關於「民主自由」的大歷史論《自由的窄廊》（*The Narrow Corridor*），恐怕是地表上能夠找到的最佳人選了。如果他們處理不了這個議題，我懷疑當今學界還有誰能處理。此外，民主自由涉及政治，而政治又涉及最醜陋最會鉤心鬥角的政客，實在是詭譎多變又細緻陰柔的課題，幾乎需要有相當的文化社會背景，才可能進入狀況。作者之一的羅賓森長年研究拉丁美洲、非洲，已經是極為博學廣泛了。艾氏則是經濟成長理論的權威，對於過去數十年各國政經多所涉獵。這樣的黃金組合，他們的論述是什麼呢？

艾氏與羅氏認為，民主是在一條「窄廊」中孕育出來的。既為「窄廊」，表示進入廊道不容易、進去之後也有極大的機率震盪溢出，因此民主自由多少有路徑依循（path-dependent）的偶然性與不可測性，甚至也不穩定。艾氏與羅氏指出，廊道之所以窄，是因為一邊有基於私欲亟思擴權的政治菁英，而另一邊則是抑挫政治巨靈的社會力量，但是這股力量卻又始也疏、動也緩，未必是政治巨靈的對手。

更嚴重的是，就算社會力量發動了、抑制菁英了，也要抑制得恰到好處，稍有不慎又會落入另一種政府效能不彰的困境。要提升人民生活水準，我們既需要有效能政府的服務，也需要抑制其政治脫軌的社會機制。兩者之間過猶不及，所以廊道極為狹窄。

「民主窄廊」難以適用中國

前述「理論」有沒有道理呢？我認為很有道理。但是要成為大歷史論述，就要把這一套理論拿到現實世界做檢驗。歐洲、亞洲、非洲、美洲；中國、印度、菲律賓、美國；古代、近代、現代……，這樣的檢驗工程何其困難！以我這樣一個熟讀中國歷史、台灣歷史的人來說，若要我爬梳這些地方的政治巨靈勢力與社會約制，我都會覺得力有未逮。

我也做過三年駐外大使，與各國外交官討論聊天上百次，對世界各地有些了解。但是即使如此，要討論古今中外政治制度的大歷史，大部分時間我也只能瞠目結舌，插不上話。兩位作者學識遠勝於我，但是除非他們智商是我智商的平方，否則這樣的研究工作也是極難竟功的。

至少對於中國政治體制的分析，我認為艾氏與羅氏的分析還有補充的空間。兩位作者認為，中國歷史幾千年來在法家與儒家之間擺盪，我覺得太過簡化了。儒家，誰說不是一種「以禮義束框架，協助君主控制臣民」的法家？儒家、法家，有分得那麼清楚嗎？法家也許像是霍布斯所說的巨靈，但是若說儒家是約制巨靈的社會力，我認為還需要輔助論述。許多歷史學者都說，政治菁英其實是儒、法交互為用的，沒有誰制約誰的問題。

此外，書中也提到中國共產黨與蘇聯，分析這兩個地方為什麼無法產生民主自由體制。我自己的看法是：共產黨與共產主義是最近一個世紀的「異形」怪獸。一開始，共產主義是要反制工業革命後資本主義之弊。但是後來，這個左派反制居然產生「變種」，既有集中財產的強制，又加上變種孕育時期法西斯主義的污染，遂形成人類歷史上獨一無二的、以集體主義為名的集權控制體系。時至今日，全世界控制思想最嚴重、封鎖網路最嚴重、濫用暴力最嚴重、洗腦民眾最嚴重的政府，一是中國、二是北韓。如果硬要用「窄廊」框架分析中國與北韓，我總覺得辛苦了一點。

寫「大歷史」，知易行難

如前所述，我基本上是同意兩位作者的「窄廊說」的，也認為他們的理論是坊間「民主起源論」最精采的一說。但是大歷史不容易研究，制度大歷史更是涉及複雜的文化社會背景。我們讀這本書，既要欣賞其大框架，也要仔細觀照其與現實現象的對比；既要學習也要思考。這樣，你才能體會「學而不思則罔，思而不學則殆」的道理。讀書求知能否使自己成長，恐怕也是在一條「窄廊」中掙扎的過程。

自從戴蒙《槍砲、病菌與鋼鐵》一書之後，坊間有不少人嘗試撰寫「大歷史」的類似分析。當年，戴氏觀察幾億年來的地理環境，加上他的演化生物學知識，推論出物種遷徙、病菌傳播、圈養畜牧、移民分布的可預期模式，驗之於最近五百年的人類歷史，頗有說服力。由於他的分析涵蓋範圍極廣且時間極長，所以稱之為「大歷史」。

另外，英國籍的歷史學家摩里斯二〇一一年寫了《西方憑什麼》一書，也算是另一種大歷史。摩里斯比較幾千年來東、西方文化與社會制度的發展，據此推論為什麼航海發現新大陸與工業革命都發生在歐洲，又為什麼西方能在最近五百年主宰世界秩序；這也是一種「分析幾百年大問題」的大歷史著作。哈佛大學心理學教授平克最近寫了《再啟蒙的年代》一書，記述中世紀啟蒙運動以來的種種人類成就，從民主法治到抗生素與量子力學，儼然也涵括了幾世紀一整箱的人類文明；這也是一個文明演進的大歷史。

人類社會太過複雜，難以形成單一論述

《自由的窄廊》一書是另外一種大歷史。此書想要解釋「民主自由」是如何產生的？孕育民主自由的土壤環境是什麼？民主自由為什麼在某些國家能生根、在其他國家又不行？這種跨文化的政治體制發展史，時間縱向數千年，地理橫向跨越北美、南美、非洲、西歐、中國、北歐、中東等地，當然也是不折不扣的大歷史分析。

然而大歷史分析畢竟是不容易的。也因為不容易，過去數十年也就只有《槍砲、病菌與鋼鐵》一本廣受好評的作品，得到普立茲獎；其他幾本書即使有些正面書評，但都稱不上是鉅作，頂多是力作（tour de force）。我自己也寫過《西方憑什麼》以及《再啟蒙的年代》的書評，欽佩之餘還是有些保留。

所謂大歷史，當然就是要在時間軸線或地理軸線，或是跨領域理論軸線廣闊延伸。戴蒙的書與其說是大歷史，不如說是「大地理」、「大生物演化學」；他把地表特徵、動物遷徙、馴養畜牧、寄生蟲、傳染病等，對照地理特徵研究得清清楚楚，細緻串連。然後，他才能發驚人

之論，寫下具有絕對說服力的作品。但是，生物演化或地理變遷是冷冰冰的事實，少有前因後果的隱密、也沒有人云亦云的猜測、更沒有眾說紛紜的莫衷一是。是以大地理學好寫、大生物演化論也早就由達爾文一鎚定音，但是關於民主演變的大制度論、關於文明演進的大啟蒙論、關於現代史的大環境決定論，還真不容易形成一套令大家服氣的論述。

初稿記於二〇一八年二月六日
修訂於二〇一九年十二月二十三日

延伸閱讀

《正義的理念》，阿馬蒂亞・庫馬爾・沈恩（Amartya Kumar Sen），商周，二〇一三。

《致命中國》，彼得・那法若、安一鳴（Peter Navarro & Greg Autry），博大，二〇一三。

Acemoglu, D., & Robinson, J. A. (2019). *The Narrow Corridor: States, Societies, and the Fate of Liberty*. Penguin Press. 中譯本《自由的窄廊：國家與社會如何決定自由的命運》，劉道捷譯，衛城，二〇二〇。

《趙紫陽傳——一位失敗改革家的一生》讀後

《趙紫陽傳》分上、中、下三冊，是一套非常長（一千兩百六十四頁）、非常好的書，非常值得推薦。

對中國共產黨，你了解多少？

長久以來，我一直覺得自己讀了不少中國共產黨的相關書籍，算是相當了解共產黨的。但是讀完《趙紫陽傳》，尤其是其中關於一九五〇年代、一九六〇年代的詳細文獻，記述土改時期鬥爭地主、虐殺地主（至少兩百萬人死亡）、大躍進時期農業增產虛報引發的大饑荒（死亡至少六千萬人）、文化大革命時期天翻地覆的災難等等細密文字，我才了解自己對中國共產黨的了解還不夠。

我的了解不夠，恐怕絕大多數台灣人民的了解就更薄弱了。這種了解不足，坦白說對台灣是非常危險的。我認為所有十職等以上的簡任行政官員，都應該讀一讀《趙紫陽傳》，算是對兩岸關係的惡補。

我曾經描述，毛澤東像是得了「鬥爭症候群」的一個病人，一生都致力於以各種名義鬥爭他人，鞏固自己的權力，人民死傷千萬完全不當回事。在毛統治中國三十年後，中國共產黨上上下下都已經沾染了鬥爭之毒，批鬥他人的理由永遠不虞匱乏，信手拈來就是「右傾機會主義」或「左傾躁進主義」的帽子，鬥爭永不疲勞、絕不手軟。不了解中國共產黨，台灣很難跟這個國家打交道。

史料搜集極為周全

《趙紫陽傳》這本書由中國記者盧躍剛執筆，引讀史料非常豐富，幾乎把趙紫陽從政四十年所有講話、開會的紀錄，全部挖出來檢視。許多讀者可能會對這些瑣細資料嫌煩，但是你如果稍微了解共產黨、了解最近幾十年的中國政治鬥爭，你就可以理解：中華人民共和國建國七十年，高層政治人物全是在鬥爭陰影之下存活；他們的觀察風向、表態精準、用字遣詞仔細拿捏、文稿意涵掌握定調，都是政治鬥爭的必要手段。《人民日報》社論一個詞彙代表什麼意義、《環球時報》的表態想要傳遞什麼訊息、國台辦記者會稿的一個稱謂又代表什麼眉角，全都有複雜的政治詮釋。唯有挖出史料，研讀前因後果，才能正確理解中國政治。

作者盧躍剛在不少地方提醒讀者趙紫陽寫作的關鍵詞：文章中不斷出現「但」、「但是」，就是在做防衛性辯護，謹慎地立於可迴旋之地，伺機尋找突破。文章中出現「可以……也可以」，就是已經找到突破缺口，但是不能明目張膽，只能給予一絲絲例外的空間。從中共建國的一九四九到文革結束的一九七九之間，中國根本就是一個烏煙瘴氣、天怒人怨的環境。任何雄才大略的人，在毛澤東這隻狂犬病患者的領導下，都只能機巧地、苟延殘喘地存活。趙紫陽就是例子。

趙紫陽的能耐，就是在這個混亂的時代展現：他在這種惡劣至極的環境下，還能在滑縣做出一點「小確幸」的成績，令毛澤東、周恩來刮目相看。趙紫陽即使抗命，都還能抗得不著痕跡，讓毛與周欣賞此人。中央政策錯了，趙在地方要如何陽奉陰違？中央要地方猛下殺手，地方要如何在自保的前提下小踩煞車？這，可不是簡單的功夫。

大動亂時代，留一絲命脈

前述中國陰柔隱晦的咬文嚼字功夫，其實到今天都還沒有結束。例如鄧小平在資本主義／社會主義十字路口，「開左轉燈向右轉」的故事，在中國幾乎是婦孺皆知。明明是搞市場化、自由化，但是在毛澤東數十年淫威壓力下，即使老傢伙死了，就是沒有辦法挑明了講，只好拚命在文字上琢磨「差異」。

分明是私有財產，卻偏偏要用什麼「包產到戶」去形容；分明是家裡私養了驢馬，卻迂迴說「交通工具不算財產」；分明是在搞自由化，卻堅決反對自由化；分明是在走市場經濟，卻說是「國家調控市場，市場引導企業」。我認為，這種耍嘴皮嚼文字的功夫，不但官員爐火純青，也滲透到庶民的生活。我們經常聽到的順口溜，就是耍嘴皮嚼文字的嘻鬧版。

趙紫陽垮台是一九八九年的事，迄今已經三十年。今天的局勢與三十年前相比有兩方面大差異。第一、中國的經濟實力今非昔比。三十年前，中國的GDP為四千五百六十億美元，不到美國（五萬四千八百二十億）的十分之一；但是到二〇一八年，中國的GDP是十三兆六千零五十億，為美國（二十兆四千九百億）的六十五％。中國的國際經濟實力強了，它的政治氛圍與決策模式，當然更值得台灣關注。

第二、三十年前還能在中國呼風喚雨的老人（鄧小平、陳雲、楊尚昆、李先念、薄一波等）如今皆已入土。這些老傢伙都是打過仗、殺過人、經歷過文革、見識過毛澤東病態的人，心理上觀念上思想上都完全沒有國際觀，一腦袋的馬克思列寧主義，根本是舊石器時代的遺緒。他們作古了，時代總是正常了一點。

時代改變，僵化依舊

舊石器時代的老人死了，兩岸關係有和緩一些嗎？恐怕未必。這裡的關鍵，就在「無產階級專政」、在於「共產黨指導主宰一切」的集體主義與集權主義。這個體制才是萬惡之源，才是中國清洗維吾爾族、鎮壓西藏、壓迫台灣的根。趙紫陽曾經想用他熟悉的圓滑技巧，在人民民主專政的大帽子底下，開拓「法治民主」的道路，無奈功敗垂成。於是，中國到目前為止，仍然是「一個人說了算」。集權專政的特點是：最後的決定權一定收在一個人手中，三十年前是小鄧，二〇一九年則是維尼熊。

集權專政的「社會主義市場經濟」與歐美民主國家的「純粹市場經濟」究竟孰優孰劣？趙紫陽三十年前顯然相信市場經濟、相信民主法治，嘗試往自由民主悄悄挪移。但是中國最近三十年快速追趕，拉近其與美國的距離，又令一些人懷疑：是不是中國的社會主義市場經濟，或是新加坡的「家父長式市場經濟」，比歐美民主經濟更好？更有優勢？更有效率？

趙紫陽雖然有心走上西方民主經濟之路，但是他的嘗試沒有實踐的機會，大環境被天安門學運打亂了。至於社會主義市場經濟與歐美市場經濟孰優孰劣，我在此無法詳析。簡單地說，川普上台後的美中形勢，與柯林頓、小布希、歐巴馬時期完全不同，需要不同的思考與分析。川普的企圖，似乎是要與中國玩一場「圍堵」之賽局。「圍堵」原本是一九五〇年冷戰時期的概念，由凱楠（George Kenman）所提，被國務卿艾其遜（Dean Acheson）採納。但是當年的圍堵是地緣政治面的，二十一世紀的圍堵卻是經濟面的。美中鬥爭誰主沉浮，至少還要二十年才能看出端倪。

六四事件扭轉了一切

就六四事件而言，盧躍剛認為趙紫陽處理天安門學運是不及格的。他高估了自己的地位與實力，低估學生運動十幾萬人的複雜，也錯估了老軍頭不把人命當命的狠悍。毛澤東向外賓介紹鄧小平的句子是：「你別看他個子小喔，他可是殲滅過百萬國民黨軍隊的喔。」一百萬人命都可以殲滅了，幾萬學生又算得了什麼？趙氏處理過不少抗爭，也都遊刃有餘。但是一九八九年學生運動顯然不同，趙紫陽沒有看清楚局勢。

趙氏如果沒有前述低估、高估、錯估，真的要保護學生，真的要少流血，就只能自己「及早」處理學運。等到學生絕食、調性越拉越難收拾，就只有鄧小平軍隊出手一種結局了。

雖然趙紫陽危機處理的判斷失準，但是我相信他是過去七十年極少數還有人本思想的中國共產黨高官。從河南滑縣書記，到廣東、四川書記，經歷三反五反、人民公社、大躍進、文革，趙紫陽始終堅持「最小傷害人命」原則。他約束殺虐地主、把人民公社大鍋飯規模做小、在大饑荒中儘量給人民活路、在嚴重左傾的政治氛圍下開一點自由自主的善門、在僵化框架裡努力試點突破，他真是努力「在獵戶隊伍中吃肉邊菜」。

這樣的善念與積極，在一片肅殺的集權環境中，彌足珍貴。可惜在六四屠殺之後，唯一還有善念善心的政治人物，也下台軟禁、去世了。將來的中國政治，令人難以樂觀。

記於二〇一九年十一月十七日

修訂於二〇一九年十二月二十四日

延伸閱讀

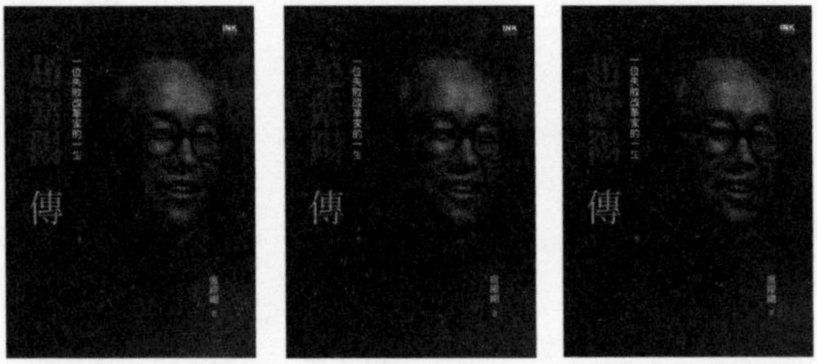

《趙紫陽傳》（上、中、下冊），盧躍剛，印刻文學，二〇一九。

全球化與WTO

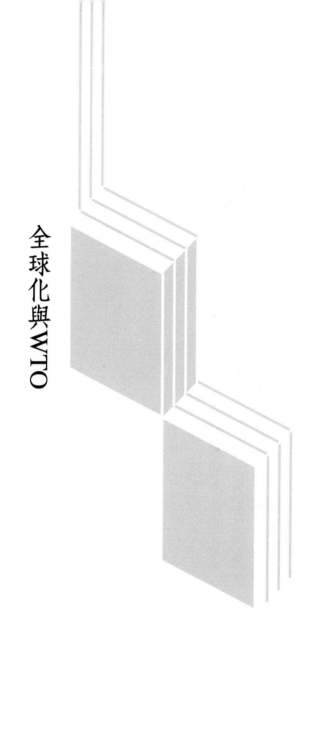

WTO的諸多問題，怎麼解？

二〇一九年十一月二十八日《經濟學人》有一則報導的標題是：誰殺了警長（Who shot the sheriff）？世界貿易組織（World Trade Organization, WTO）的架構中有一環像是「司法仲裁」之類的設計，對於會員之間是否有違反WTO協定（例如課了歧視性關稅、做了不恰當補貼等），可以由這個「司法」機制判定誰贏誰輸。輸的一方必須撤除其違反協定的措施；如若不然，則贏的一方可以實施報復。所以簡言之，這個司法機制就像是WTO會員之間的法院。

美國對WTO的杯葛

上述法院分兩級，下級是初審，由因案而異的三人共同組成；上級是複審，叫做上訴團（Appellate Body, AB），由會員選出七位「法官」組成。AB法官任期四年，到期改選，但是是否要啟動改選，需要會員共同決定。由於WTO是共識決，因此只要有一個國家杯葛，拒絕啟動改選，則法官空缺就無法填實。美國自二〇一七年八月開始就進行杯葛，所以隨著法官一一任期屆滿，由於無法填補新人，法官總人數就逐漸減少。由於每個上訴案件需要三個法官聯席，故法官總人數少於三人時，AB就形同死亡。一旦WTO的司法機制死亡，整個WTO就形同送進安寧病房。二〇一九年十二月十一日，就是WTO進安寧病房的日子。

美國杯葛的是WTO上訴法官的遞補，但是他們真正討厭的，依據美國大使在WTO會議的多次發言，是WTO處理不了中國的不公平商業競爭，例如偷竊他國智財、強迫他國智財移轉、操控匯率、電子商務不公平競爭、國家不當補貼等。美國指出，這些不當行為WTO全都無法處理，不如美國用單邊手段自行處理。

美國想自行處理，與前述該國杯葛WTO司法機構有什麼關係呢？故事是這樣的：美國若要單方制裁中國（例如用三〇一條款向中國課稅、禁止與華為貿易等），恐怕都有違反WTO

規範之嫌；萬一中國將案子推上WTO司法機構，美國說不定會敗訴。但是美國認為，「是你中國違規在先，我現在即使用不合規定的手段對付你，我也不理虧」。但是為了避免WTO司法機構礙手礙腳，乾脆把法院癱了。用白話文來說：當幫派老大想動私刑的時候，他當然希望「法院不存在」。直觀而言，大幫派原本也不那麼需要「司法」來維護權益。

美國劍指「中國製造二〇二五」

WTO的規範為什麼處理不了中國的違規行為呢？讓我們用個例子來說明吧。二〇一八年五月，美國總統川普宣布要對「中國製造二〇二五」的產品課二十五％的進口關稅。「中國製造二〇二五」計畫是一個中國政府於二〇一五年五月推出的計畫，宣布要將中國從「製造大國」轉型為「製造強國」。怎樣才能變成強國呢？該計畫指出，要提供種種的國家支援與整合給「新一代信息技術（即5G）、航空航天裝備、軌道交通裝備、節能與新能源汽車、納米（nano）高新材料、生物醫藥與高性能醫療器材……」等十個產業，希望促成其世界領先的「強國」地位。

關稅是制裁高科技產業的「貿易」手段

有些媒體評論：美國之所以對中國製造二〇二五反彈，就是因為美國不願意看到中國在製造業技術上超前，所以整件事是兩個世界強權之間的鬥爭。但是這樣的分析實在失之膚淺，好像是說「兩個強人之間就是容不下彼此，他們就是喜歡打架」。其實，兩個強人之間未必會打架。即使打架，又為什麼要在「中國製造二〇二五」這個議題打？即使要打，又何以要用課關稅這個手段去打？對一個「七年之後才會出現產品」課關稅，這是什麼奇怪的邏輯？總之，川普的政策的確非常奇怪，需要好好思考。

首先我們要了解，「中國製造二〇二五」所推動的產業，幾乎全部都是高科技產業。雖然美國目前提出來的制裁手段是課關稅，但是美中衝突美國所能揮舞的兵器，絕對不止關稅一項。高科技產業需要許多不同的支柱，美國除了課稅，也可以搖晃中國的這些高科技支柱。例如，美國曾經宣布禁止對中國的ZTE公司輸出晶片、以美國國內法起訴華為公司財務長、禁止中國留學生註冊美國一流科技大學等，都是美中對幹的手段。

由於美國目前還擁有相當的科技優勢，只要不准這些優勢為中國所用，中國的若干科技產業發展就會綁手綁腳。科技手段完全是美國的單邊作為，不受任何約束；但是課關稅就受到

WTO多邊體系的約束，WTO的其他一百六十三個會員，當然也就有立場批評這個「對七年後產品課稅」的政策。

高科技產業的報酬遞增特質

從貿易法規與WTO的角度，「中國製造二〇二五」究竟是什麼屬性呢？基本上，二〇二五計畫就是一個「政府補助產業」的計畫。在二〇二五計畫書中，提到了「政府主導」、城市試點、人才培育等等，全部都是投入政府資源去協助產業發展，或是政府指定一個城市全面執行試點。

也許你會覺得：許多國家都有產業政策啊？這裡需要做些說明。經濟後進國家如台灣，確實有政府對產業的補助。嚴格說來，這些政府補助都多少有些違反各國產業之間的公平競爭，都算是小小的「作弊」。但是這些國家都小、當年經濟都還在發展階段、作弊也不囂張，就像班上後段同學作弊，大家也就睜隻眼閉隻眼。可是中國經濟已經是全球第二大，是「全班第二名」，居然還要作弊，甚至公開宣稱「我七年之後國、英、數、理、化、史、地等十科，都要變第一名」，這種同學是不是討人厭？是不是有點欠扁？

也有人問：中國的「作弊」行為，WTO現有的規則不能處理嗎？如果可以處理，美國

／中國把問題依程序處理，不就好了嗎？幹麼要搞到劍拔弩張呢？但問題是：目前WTO的規則，恐怕沒有辦法處理這種作弊。WTO現在的規則，至少都是二十五年前「舊石器時代」制定的。二十五年來，世界的環境產生了許多重大改變，已經進入彩陶文明，其中相當重要的一項，就是亞瑟（Brian Arthur）教授所說的「具有報酬遞增特性」的高科技產業的浮現。高科技產業為什麼會產生報酬遞增，理由很多，試列如下：

一、大量的初期投入成本，以至於後來的平均成本隨銷售量增加而減少。

二、邊做邊學（learning by doing），使得生產越多的業者進步越快，於是成本降低幅度更顯著。

三、需求面的網路效果，使得現在的強者將來需求更強，更難有競爭對手。

不論是前述哪一種原因，報酬遞增就表示「現在占優勢的，未來就更容易占優勢」。

目前的SCM規範是舊石器時代的

目前WTO對政府補貼的規範，都寫在該機構SCM（subsidies and countervailing measures）規範裡。在一九九五年SCM撰寫的時候，高科技產業還不普及，資通訊時代還未降臨，因此大家心裡的產業想像，都還是報酬遞減的傳統產業，諸如畜牧、紡織、化工等。在報酬遞減的產業裡，沒有「現在占優勢的，未來就更容易占優勢」的現象。

換言之，報酬遞減表示：現在搶下市場也不表示將來市場還是你的，現在領先也沒有意義，因為先行的、市場占有率大的優勢，遲早會被報酬遞減的規律壓制。因此，以前政府若有對產業補貼，都是為了短暫搶下別國產品市場（出口擴張，export expansion）或是保護本國要素投入購買（進口替代，import substitution）。一九九五年通過的ＳＣＭ規則說，這些政府補貼都不被允許，都可以受到制裁。

但是在高科技產業，邏輯推理就不同了。國家有可能在與出口擴張或進口替代完全無關的情況下，對企業進行補貼，只為了幫該企業暫時取得領先。因為國家可以合理預期，在報酬遞增的環境下，「現在在產品規劃研發占優勢的，未來就更容易占優勢」。這個算計不見得要到產品生產階段才會發生。就高科技產業而言，產品推出之前可能有長達十幾年的研發、試驗期。一旦某企業在研發階段取得領先，那麼就可能持續領先。等到真正產品生產，早就天下局勢底定。到那個時候，某國再用ＳＣＭ去ＷＴＯ告對方，由於該被告國既未補貼出口擴張，也沒有補貼進口替代，這個控訴根本不可能成案。

川普的單邊主義策略

所以簡言之，WTO的SCM政府補貼規範是為舊石器時代傳統產業設計的，與高科技產業全不相干。中國製造二〇二五雖然令人討厭，但是在現有SCM規範下沒有「犯規」。美國如果不處理，眼看「將來」的產業將因對方現在作弊而受損，這還得了？以5G產業為例，美國最有優勢的企業是Qualcomm，它是完全私人經營的企業。但是Qualcomm再厲害，它也無法與中國舉國之力競爭。中國製造二〇二五計畫，補助中國5G企業，老美認為這是政府補貼，形成不公平競爭。

老美討厭老共高姿態作弊，居然還冠冕堂皇喊出個「中國製造二〇二五」的口號，但是又沒有辦法依現有WTO規則提起控訴，所以就說：「你作弊就作吧，但是不管你作弊完之後生產出來任何東西，我都把你課稅課到痛。」川普政策的白話文，就是這樣。

川普為什麼不在WTO修法，改變SCM呢？WTO是共識決，修改SCM必然不會被中國接受。川普不像是有耐性的人，美國的國力強大，也根本不甩WTO慢吞吞的談判環境。「對七年後的商品課稅」，就是這樣出來的。

美國單邊宣布制裁中國的二〇二五計畫，也是違反WTO規範的。一旦中國對WTO提出司法訴訟，美國在現行SCM之下很可能會輸。與其面對那樣的情況，不如就把WTO的上訴與司法體系弄癱瘓吧！如前所述，反正，幫派老大根本也不需要法院！

初稿記於二〇一九年十二月十一日
修訂於二〇一九年十二月二十四日

延伸閱讀

Mavroidis, P. C., Irwin, D. A. & Sykes, A. O. (2009). *The Genesis of the GATT*. Cambridge University Press.

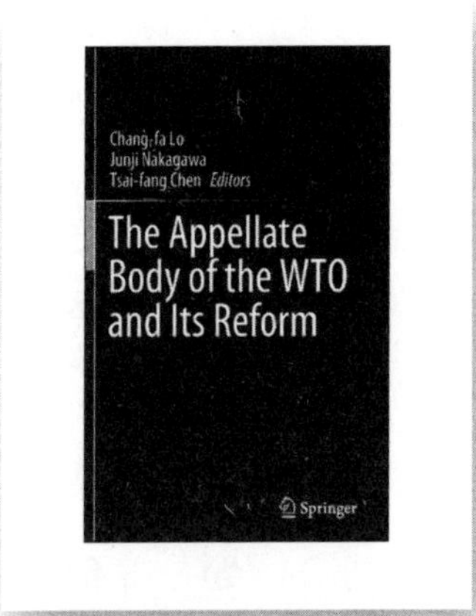

Luo, C., Nakagawa, J. & Chen, T.-fang. (2020). *The Appellate Body of the WTO and Its Reform*. Springer.

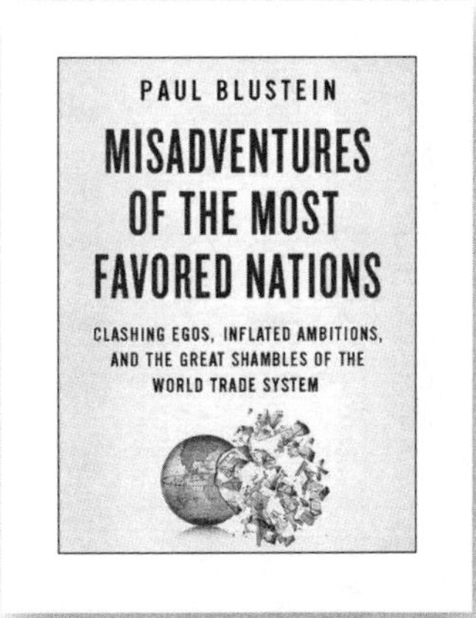

Blustein, P. (2009). *Misadventures of the Most Favored Nations: Clashing Egos, Inflated Ambitions, and the Great Shambles of the World Trade System*. Public Affairs.

「地緣政治」過時了嗎？

許多人都曾經對「台灣在美中大戰中不該選邊」這個課題，發表過評論。我認為這是一個嚴肅的課題，值得好好的思辨，千萬不能淪為政治立場的表態或是扣帽子。對於這個議題分析最多、最深入的是蘇起教授。他在二〇一九年十二月出版了《台灣的三角習題》一書，彙整了他先前的一系列論點。以下，讓我把問題一一提出來。我的看法與蘇起不同，先說結論：只有在單一問題面向，才有所謂「選邊」；或東或西、或戰或和之類。但若問題面向有七、八個，「選邊」就是個不當簡化的概念。整體而言，國際關係中「地緣政治」這四個字，最近二十年其重要性都該做些調整了。

十九世紀與二十一世紀的類比差別

研究國際關係的人經常參照比較的背景，是十九世紀的英國、美國、加勒比海。他們擔心的是：萬一將來美國把西太平洋的霸權地位「讓給」中國，就像是當年英國把加勒比海「讓給」美國一樣，則台灣就成為中國的俎上肉。英國當年在加勒比海退讓，是所謂「強龍不壓地頭蛇」。台灣若是現在越站邊靠美國，將來萬一美國也謂「強龍不壓地頭蛇」，撤離西太平洋，我們的處境就極為危險。不選邊，就是避免惹怒地頭蛇。

所有對「未來」的分析都基於一些假設，前述的分析也是一樣。但是在我們檢視這些假設之前，讓我們得先檢視一下「選邊」這個字的現代意涵。一八六〇年開始的英美爭鋒，爭的就是一個「加勒比海地區霸權」。在那個時代，美英相爭的面向相對較窄，加勒比海當年甚至沒有突出的經貿運輸地位，卻有「美國後院」的象徵意義。但是今天美中之間的對峙，早已從狹義的「海權」爭議，跳躍到關稅貿易、匯率操控、科技產業、人工智慧、財務融資、智財保護、電子商務、強迫技術移轉、政府補貼、一帶一路、5G與6G規格……。這麼多的面向，「選邊」一詞要如何適用，恐怕不容易定義。一旦扯進 cyberspace，「地頭蛇」三個字根本就沒有意義，因為 cyber 這個字就完全與「地理」無涉。

例如5G、6G，如果將來市場上有兩種規格（美規、中規），而跨規格之間用前一代4G銜接，則台灣要美規還是中規，能夠不「選」嗎？又如果中規的華為晶片有後門疑慮，國軍擔心作戰指揮系統在關鍵時被癱瘓，那麼我們還有選邊的空間嗎？復如政府補貼、強迫技術移轉、司法偏袒，中國政府也經常用相同方法欺負台商；這樣不公平的商業競爭，幾乎是用國家力量去壓榨台灣企業，我們的政府難道不該要求對岸改變？這種為台商爭權益的事，只是碰巧與美國立場同調，這算不算選邊？

再談電子商務，所有十四億中國人在對岸網路封鎖之下，上不了台灣的 momo 網採購、上不了 Amazon，更上不了成千上萬家用 F B 或 Gmail 做聯絡平台的美國、台灣中小企業窗口，但是所有美國三．二億人、台灣兩千多萬人都可以上阿里巴巴、淘寶等所有購物網站，如此明顯的不公平電子商務，美國對中國提出挑戰，台灣呼應就算是選邊嗎？

地緣政治只是考量之一

前述「不要在強龍與地頭蛇之間選邊」，其實是國際政治中「地緣政治」（geopolitics）的標準思考，歷史上許多國家都面對過類似問題。但是偏偏，最近二十幾年世界改變非常大，有許多國際政治事務根本與「地緣」扯不上關係。老一輩的學者用自己習慣的「地緣政治」理論去分析事情，就會失之狹窄。以下讓我做一些演申。

二十一世紀美中之間的鬥爭，雖然南海海權爭霸與十九世紀的英美加勒比海相爭相似，但是如前所述，有其他超過一打的面向，每一個面向都扯上複雜的政經、科技關係，幾乎與狹義的「地理」沒有什麼關係。這樣的局面，與當年英美相爭根本無法比擬。

蘇起教授指出，亞洲國家日韓菲泰澳星，雖然是美國盟友，卻也表示要同時與美中交往；言下之義是：台灣亦應如此。但是這裡的用詞定義有些模糊：同時交往歸交往，但就前述十幾個議題，日韓菲泰澳星恐怕確實有許多面向選擇站在美國這一邊。

例如歐美日三方宣言明白指斥中國政府補貼企業之不對，那是歐日選了邊；日星韓美等對於電子商務資訊流通的立場，與中國針鋒相對，那是日星韓在這個問題上站了邊；對於華為晶片與設備的購買，東南亞許多國家如果與美國有軍事通訊合作，最後也許也不得不選邊；中國對於智財保護的偏袒，許多東亞國家也深受其害，立場上也與美國同邊⋯⋯。凡此種種，都顯示二十一世紀與十九世紀中葉已經無從比擬，現在的爭霸鬥爭，涉及十幾個面向的合縱連橫，絕對不是「同時交往」這麼簡單。

其他國家的廣義選邊

關於歐美日紐澳等的「選邊」決策，如果不從「美中相爭」的角度去看，也許更能有所啟發。大約五年前，日本國內也在討論要不要加入當時歐巴馬主導的TPP。日本的研究指出，TPP雖然有降低關稅、拓展貿易的優點，但是也壓縮了日本若干產業的國內政策空間，政治上也會有阻力與衝擊。最後安倍首相決定加入TPP的主要考量是：將來的西太平洋經貿，大概只剩下TPP與RCEP兩個區塊，一是美規、一是中規。美規的TPP，是一個政府角色少、政治民主、正港市場經濟的體制；中規的RCEP，則是一個政府無所不在、政治極權、市場經濟大打折扣的體制。

安倍內閣認為，到最後不是產業模擬利弊得失或地緣政治的分析，而是國家要擁抱民主體制或非民主體制的選擇。這樣的選邊，其實是個民主生活、營運方式的選擇，而不願融入一個「企業隨時會被國家公權力對付、jaywalking 將來可能不准買高鐵票」的非民主、非法制的體制。今天台灣如果選邊，多少是因為民主生活方式的選擇，而不是地緣強權的依附。

我們與前述日韓菲泰澳星最大的不同是：中國從來不准台灣有「同時與美、中交往」的空間。我們即使「自制」我們的國際交往，還是動不動要看中國的臉色。買防衛性武器？

不行；與美國國家安全顧問見面？不行；台灣官員進白宮？不行；文件上出現 Taiwan Sugar Corporation？不行；大學名稱叫 National Taiwan University，不行；台北主場APEC會議？不行；台灣加入國際健康防護網？不行；航空公司劃位選台灣？不行；某某國際名人訪問台灣？不行……。這些，都是台灣人民心中的痛。

我們的問題是：台灣在中國心中是如此的受到鄙夷，這樣不行那樣不行，我們要怎麼有尊嚴地「同時與雙方交往」？如果要妥協一點尊嚴，要妥協到什麼程度？在許多國際場域中，香港的施展空間還比台灣大，只因為他們以前乖乖地接受一國兩制。香港反送中之後，台灣的民意幾乎一面倒地反對一國兩制，我們又怎麼可能有尊嚴地與中國交往？這是非常基本的問題，我們不能只要求交往，而不談交往的「條件」。

三角形的逐漸變形

前述「與雙方同時交往」的概念，其實也與蘇起的「大三角」論述相一致。所謂大三角，也就是美、中、台之間的關係。蘇起先生曾經指出：九〇年代，台灣可以把美、中、台關係玩到「一個尾巴搖兩隻狗」的地步，展現台灣在三角關係中的靈活。台灣做政策思考，當然要對國際環境變化的反省與觀照，並做必要的調整。在此我要指出，當下局勢已非九〇年代可比。

海峽兩岸局勢過去三十年的改變，一方面呈現在美、中、台三方經濟實力的消長，另一方面則是反映在川普上任之後台灣大三角的角色被邊緣化。簡言之，台灣現在能夠玩的槓桿籌碼，比以前少了許多。有些人擔心：如果台灣失去槓桿，只能是美中「雙邊」拉鋸之間的小配角，則我們變成美、中衝突附帶傷害（collateral damage）的機率就會增加。這個看法與前述「不選邊」是一致的。我的看法頗為不同：我認為，台灣失去槓桿角色是必然，但這只是表示我們需要新的戰略定位，而不是「卸除槓桿即無死所」。

我想先從美、中、台三方「經濟實力消長」這一點談起。九二共識是一九九二年所談，WTO成立是一九九五年，中國加入WTO是二〇〇一年，台灣加入WTO是二〇〇二年。由於相關時點太多，趨勢又沒有太大變化，為了簡化分析，我就只分析三個時點。

在一九九二年，美、中、台三方GDP的占比是九十一%、五・九%、三・一%。在二〇〇〇年，美、中、台三方的GDP占比大約是八十七%、十%、三%；在二〇一七年，三方占比改變為六十%、三十八%、二%。三十年間經濟實力改變的原因卑之無甚高論，就是中國經濟的快速成長，其年成長率動輒八%、十%甚至更高。在此期間，美、台的經濟成長率頂多就只有三、五趴。中國與美、台經濟成長率差這麼多，三十年下來當然會產生重大改變。

中國經濟成長快，美國、台灣成長慢

關於美、中、台的經濟成長率差異，這裡要說明三點：一、過去這三十年並不是美國、台灣不爭氣，而是中國成長太快，使得彼此相對版圖產生了重大的改變。二、中國的快速成長，不是因為他們的經濟發展策略有什麼偉大，也不是台灣戒急用忍／大膽西進的政策所能改變。中國原本的經濟基礎相當弱，「基期」數字非常低，只要政治環境穩定、裙帶資本不太嚴重，在經濟發展初期投入驅動（input-driven）與效率驅動（efficiency-driven）的階段，經濟成長率絕對是非常高的。台灣及亞洲四小龍在二〇〇〇年之前，經濟成長率八％以上的也非罕見。三、可是到了經濟發展的後續階段，「報酬遞減」法則必定會發揮威力，亞洲四小龍雖然當年威風，現在也無法維持四十年前動輒八％的高成長率。換言之，越接近效率前緣（efficiency frontier），成長率就會慢下來。

整體而言，中國經濟投入驅動與效率驅動的階段即將過去，其經濟要持續成長，終究要邁入「創新驅動」（innovation-driven）階段。屆時決定中國成長的關鍵因素，是他們的科技實力、創新動能與育成環境。如果要我大膽猜測，美、中雙方的GDP之比例，大概就是收斂到接近五五波，頂多只有小幅修正。至於台灣在美、中、台三邊的占比，在均衡時，大概就只有

一．〇%—一．五%左右。

大家不需要拘泥於以上數字變化的可能小誤差，而要思考這些經濟數字變化給我們的戰略啟示。在二十年前，美、中、台之間八十七／十／三的實力，美國還是超級大，台灣大概接近中國的三分之一。當時美中之間的對話劇本也許是這樣的。美國：「老弟，我忙著在對付反恐與中東，希望你不要在東亞給我惹麻煩」；中國：「老大，只要台灣別刺激我，我就不會招惹你」。

在這樣的默契之下，老美定下「秩序」要台灣依循，而在這個大秩序之下，台灣可以適度折衝，甚至左右逢源，做到「尾巴搖狗」的地步。我認為，當年的政經實力決定老美的戰略格局，而這個格局，正是「九二共識」的醞釀背景；那是一個美國默許的「秩序」，也是中國認可的「不刺激」底線，台灣也就可以在美中默契之下「悶頭賺大錢」，賺錢之外可以偶爾槓桿玩一下，但是不能過頭；這就是當年的「大三角」遊戲。

「大國崛起」的 Thucydides 結構衝擊

但是如前所述，即使當年台灣所有政黨都同意在美中默契之下「悶頭賺大錢」，二十幾年下來，經濟大環境終究還是會改變，其根本原因，就是中國的經濟成長初期速度，必定大於美國、台灣的後期成長引擎。前面的台灣、美國車開得慢，後面的中國車開得快，追上去縮短距離是勢所必然。台灣在「大三角」賽局中角色逐漸邊緣化，其實是經濟實力消長的結果。

綜合以上，我們觀察到二十年前的時代背景的三個環節：A、三十年前美國是政經實力的絕對老大，其戰略焦點在中東、俄羅斯；他們對中國的態度只是要維持區域穩定，叫小老弟安分。B、當時台灣的實力約為中國的三分之一至二分之一，成事不足敗事有餘，確實有槓桿美、中雙方的能耐。C、中國了解以上，也願意在美國默契、台灣安靜的前提下韜光養晦，努力發展經濟。但是二十幾年之後，ABC的環境都改變了。

就美國而言，在二〇一七年美／中之間已經是六／四的實力比，老美絕對不再是單方的氣氛設定者、規則制定者。美國即使今天還是老大，也得面對老二幾乎明目張膽的挑戰。就中國而言，二〇〇八金融海嘯中國扮演世界關鍵角色，給予該國非常大的信心，決定從韜光養晦中破繭而出。習近平一帶一路、亞投行、南海爭霸、二〇二五等計畫，加上「民族偉大復興」的民粹召喚，更是引發修昔底德（Thucydides）兩強終極對決的普遍疑慮。就台灣而言，我們的經濟實力在二〇一七年與對岸拉到將近相差二十倍，也消蝕了我們「左右逢源」的客觀實力。

明乎以上，中國對台灣乃逐漸收緊箍框，只談一中不提各表、鼓吹一國兩制、提出《告台灣同胞書》、奪走台灣邦交國、大力支持親中代言人，步步進逼。中國今天的姿態，早就大異於二十年前。此外，中國今天以四十／六十的實力直接挑戰美國，美國也沒有什麼必要對經濟實力只有一．五%的台灣給太多的權數。三角癱塌成為雙邊，不足為奇矣。

失去「槓桿」角色，台灣何去何從？

如前所述，過去二十餘年，因為世界經濟實力挪移，美、中遂進入直接對決的階段。二〇二〇年的今天，大三角不見了，變成「美中雙邊摔角」，台灣失去了槓桿的角色，要怎麼辦呢？我的看法是：既然不再有「三角」，我們就不得不在美／中雙邊之間，做巧妙的、關鍵的選擇。中華民國是小國，不可能在美／中角力戰場扮演太多拋頭露面的角色。台灣只能就精確擇定的少數戰場，做好「扭轉戰局」的關鍵角色。所謂扭轉戰局，英文是 pivotal，意指小小扭轉當下的角度或切入，期待結構性地大大改變戰局。

大家當然會問：pivotal 的角度有哪些呢？我們要怎麼尋找呢？如果中國是個自由民主的國家，則台灣真的很難找到破綻，做 pivotal 的切入；事實上，如果中國真的自由民主，台灣民眾恐怕也不會像今天這樣厭惡它。但是中國是一個極權國家，它有許多的制度性缺陷，它也用帝國君臨的嘴臉，四處欺負周邊鄰國，這不但使台灣民眾難以吞嚥，也使得中國必然呈現若干罩門。

例如，中國政府要倚賴網路管制，去遂行其思想檢查、高壓統治。但是這樣的網路封鎖、管制，必然產生許多不合理的貿易障礙、不公平的市場准入、強制資料在地化等缺陷，令許多民主國家十分厭惡。又如，中國堅持司法臣服於黨，就引發了香港的百萬人「送中」示威，也幾乎引起眾怒。台灣如果能夠就這些罩門努力思考分析，必然會找到一些值得切入的戰略點。

此外，以前在「大三角」時代美國與中國之間的利益衝突較少，但是今天美國與中國衝突的枱面化，美中直接對幹，台灣的 pivotal 角色自然就會出現。例如，中國製造二〇二五計畫涵蓋的科技面非常廣泛，出現一大堆台灣在科技面可能扮演角色的利基；我們如果盤點一下，就能發現台灣 pivotal 切入之所在。台灣在美、中科技爭霸戰局中要站哪一邊，絕對有關鍵性的影響。

從韜光養晦到大國崛起

蘇起先生分析兩岸地緣政治，認為中國的大國崛起是韜光養晦四十年，「練就一身肌肉」後的必然，與十九世紀美國崛起相仿。從經貿的角度，我認為這樣的分析也簡化了些。

中國的改革開放始於一九七九年，如果從那個起算，到二〇一九年確實是四十年。但是中國改革開放一開始阻力不小，真正的全引擎啟動恐怕要從一九九二年鄧小平南巡講話起算。二〇〇九金融海嘯之後，中國已經信心大增，為習近平三年之後掌權的「大國崛起」鋪了心理基礎。所以嚴格來說，中國真正韜光養晦練肌肉，只有二十幾年的時間。這一身肌肉是否足以與美國展開全面性「自由搏擊」，恐怕是有爭議的。美國與英國的加勒比海衝突是在一八六〇年左右，而美國早在一八五三年就已經有黑船艦隊侵入日本的實力。美、西開戰，更要拖到一八九八年。歷史告訴我們，要挑戰霸權，實在是急不得的。

就經濟發展第三階段所需要的「科技創新」動力而言，中國韜光養晦顯然養得還不夠，中國對美國的挑戰，大概比理想發動時機早了十年，所以才會在中興、華為等事件後，講出「長征」那麼臥薪嘗膽的感慨。中國太過簡化二十一世紀的強權鬥爭，以為那只是比GDP數字、比南海填礁的面積、比航空母艦的興建；殊不知二十一世紀的經貿、科技面向太廣太多，在許多面向中國離美國都還有一段距離。

更何況，經貿事務不是海權、不是民族主義鬥爭、不是「我要取代你，我要當老大」的地緣生死搏命。經貿應該是互利互惠的雙贏，從來就不該是零和賽局。中國以黨國不分的集權體制強力補貼企業，其經濟運作模式與西方市場經濟完全扞格，卻想要在類似「中國製造二〇二五」的這麼多產業中，靠著政府補貼「擊敗」歐美先行者。這樣的太早放棄韜光養晦、這樣的大動作崛起、這樣的多面向開戰、這樣的爭霸戰略，恐怕是個重大錯誤。也幸虧老共犯了錯，台灣才能有更多喘息的空間。

從 leveraging 改為 pivoting

如前所述，在美／中對衡（而非三角）的局勢中，台灣只要仍然掌握相當關鍵技術，中國只要仍然以帝國強權的姿態霸凌鄰居，共產黨只要繼續用種種不自由民主的方式做集權統治，我們就有執行 pivotal 戰略方案的切入點。推其極限，我們可以在關鍵處站邊，技巧性扭轉戰爭方向，達成對台灣最有利的結果。三角癱塌成雙邊，已成定局，台灣則必須將三角槓桿改變為關鍵扭轉。環境改變了，台灣卻仍然迷迷糊糊地抱緊二十幾年前的地緣政治概念，是昧於形勢的。

過去五百年來，世界從來就沒有擺脫帝國強權的陰影。殖民侵略、世界大戰、冷戰對峙，台灣始終是在強權壓制之下掙扎前行。「一個中國各自表述」在二十幾年前也許是強權勢力之下的生存妥協。但既然是生存策略，當然要隨外在環境改變而調整。「三角」既已塌陷，槓桿即無所附麗。台灣不進入賽局則已，若要入局，則當然要發揮 pivotal 的影響力。兩隻大象打架，台灣不能只是怕被「波及」；我們是躲不掉的。但是台灣入局並非像是球賽啦啦隊那樣為一邊狂呼口號，而是要冷靜地尋找大象的罩門，全面性發揮我們的專業。

在美、中、台二十幾年前 leveraging 的賽局中，美國老大基本上想要維持局勢的穩定，老大不希望兩岸「亂套」。可是在現在 pivoting 賽局中，美、中雙方本身就是最大的不穩定，彼此不斷衝撞。如果美、中大和解了，在雙方默契之下，台灣就必然承受更大的中國壓力，台灣的壓力就會大增。因此就地緣政治而言，「天下大亂」避免了西太平洋「加勒比海化」，台灣得以調整其經貿戰略。貿易戰只是傳統關稅戰，但是科技戰、資訊戰、5G規格戰、二〇二五產業結構戰，都是一波波新戰場。舉例來說，美中對峙在科技面、產業面的一個極端發展，就是若干領域出現「雙元化」（dual regimes），例如全球有部分國家融入一隻大象，其他融入另一隻大象。果真如此，台灣的產業布局，該是什麼景象？

以上這些戰場，一個個都是台灣的國安戰場。今天兩隻大象打架，他們的兵器複雜而多元。做為觀戰者，我們的選擇絕對不只是「選邊」或「不選邊」而已。

記於二〇一九年十二月三十日

延伸閱讀

《注定一戰？中美能否避免修昔底德陷阱》，格雷厄姆・艾利森（Graham Allison），八旗文化，二〇一八。

網路經濟可以「封鎖」嗎？

——讀《經濟學人》專論有感

二〇一八年十一月，中國共產黨機關報《人民日報》列出了過去四十年對中國國家發展做出貢獻的一百個人，包括馬雲在內。馬雲是阿里巴巴電子商務王國的創辦人，對中國經濟貢獻卓著不在話下。但是外界一直不知道他是共產黨員，所以《紐約時報》才對此特別報導。馬雲是共產黨員，我們會驚訝嗎？其實不會。如果證據顯示他不是共產黨員，那才令人驚訝。讀者可能會有興趣：共產黨的思想控制，要如何與網路管制「攜手並進」，同時又能創造電商大亨。

阿拉伯之春，不會在中國複製

二〇一六年十二月十七日的《經濟學人》雜誌，報導了一篇名為"China Invents the Digital Totalitarian State"的文章，描述中國共產黨政府如何發明、創造一個數位集權體制。這個發明故事，需要做一番解釋。

二〇一〇年有「阿拉伯之春」事件：不識彼此的阿拉伯民眾透過手機訊息呼朋引伴，成功串連，發動了幾十萬人的大規模群眾運動，居然就把獨裁政權推翻了。當時不少媒體大表興奮，表示網路時代動員如此便利，「網路」應該會成為獨裁者、不公不義政府的重要制衡機制。二〇一九年的香港，也是靠手機串連，能夠召喚兩百萬人上街。可是這樣的事情似乎不會在中國發生，為什麼？

中國在二〇一〇到二〇一六年之間，其政治箝制完全沒有鬆懈的跡象。相反地，中國反而設計了一套「網路便利」與「集權控制」共生的新模式，並且能夠產生利潤，再把利潤分給配合集權控制的參與者，悠然自得，自成一系，絲毫沒有掙扎的跡象。這是怎麼回事呢？我們來解析一番。

對極權統治者而言，自由的網路方便民眾動員，動輒聚眾滋事，絕對是極權統治者要管制、約束的；這一點淺顯易懂，不需要多做說明。可是，要如何管制、約束呢？網民千千萬萬，他們從成千上萬個網咖、學校、企業上網，我們要如何去偵查出「可疑」的蛛絲馬跡呢？這要一層一層解決。

如何防止民眾接觸「有毒」資訊？

網路第一個要過濾的，就是「關鍵字」。對獨裁者而言，閒雜人等四處上網沒有關係，但是如果他們上網聊天扯到了「天安門」、「達賴喇嘛」、「六四」、「太子黨」、「習近平」、「藏獨」、「一邊一國」等，那就很可能有問題。為此，中國的公安部門設定了數萬個關鍵字，只要哪個伺服器出現了這個字，系統就自動阻絕通訊，並且往上級呈報。

限制的關鍵字夠完整嗎？放心，反正這是個集權國家，寧濫毋缺。更何況，老共網軍十九萬人，除了電腦自行篩檢，還可以人為四處搜尋，就可疑之處補強。例如，「六月四日」敏感，於是有人發明了「五月卅五日」做為暗語，結果沒有多久也就被網軍發現、查禁。

關鍵字是使用者自己敲鍵盤打出來的，萬一上網者沒有輸入關鍵字，而是搜尋谷歌，輾轉搜出一篇《紐約時報》報導中共高官如何貪污舞弊的文章，然後廣為流傳，這還得了？當然，中國政府也得防止這種情況發生！但是該禁止哪些「有毒」網站呢？

依據二〇一七年美國自由之家（Freedom House）的報告，全球二十五個交通最頻繁的網站，中國禁了十二個，二〇一八年封鎖又增加一個，成為十三個禁止對象，包括《紐約時報》、《經濟學人》、臉書、谷歌等，中國人除非翻牆，否則上不了這些「思想有毒的網」。而且，自二〇一八年開始，中國立法禁止翻牆使用的VPN（Virtual Private Network），在中國上網翻牆越來越難。

如何逼走不聽話的外國網路業者？

既要檢查關鍵字，又要阻擋那麼多熱門網站，還要求特定情況下要通知公安部門；這麼多煩人的規定，外國的網路業者如果不甩，或是陽奉陰違，怎麼辦？

十幾年之前，谷歌在中國是有營運的。但是該公司如果不聽話，怎麼辦？如果《紐約時報》「有毒」，公安部門要求該報被禁，但是谷歌沒有有效禁止連結《紐約時報》，那麼上谷歌搜尋紐約時報，不就等於繞道上了《紐約時報》？「Internet」就是互相連結的意思。所以，為了有效阻絕毒素，網際網路必須要全面掌控。

谷歌當年沒有配合中國政府，於是他們變得搜尋速度「很慢」，漸漸就競爭不過中國政府支持的、比較配合的「百度」。百度搜尋速度快，不是因為它的程式寫得好，而是因為它該擋的關鍵字都會自己擋。但是谷歌不被信任，中國政府必須要再做檢查。一個搜尋指令還要經過公安再檢查的折騰，怎麼快得起來？

谷歌如果要取得中國政府的信任，就得把搜尋程式上繳檢查；但那是商業機密，谷歌絕對不肯。如果不上繳，那麼谷歌就會「很慢」，打不過共產黨信任的競爭對手。所以在集權體制之下，只有配合中國共產黨政策的網路業者，才能存活。

商品也可能「有毒」

有了關鍵字檢查、網站封鎖，這樣夠了嗎？恐怕還不夠。試想：如果國外的銷售網站不封鎖，萬一中國人去亞馬遜（Amazon）買了一本罵天安門事件的書呢？萬一有人去德國的 Otto 網站買了一件把習近平畫得很醜的 T-shirt 呢？所以，國外的銷售網站也要擋。《今周刊》一〇五九期一則報導資料顯示，中國人上美、日、德、英、法、印度、印尼、馬來西亞購物網站，或則遭完全封鎖，或則速度超慢，詳見附表。

以德國的銷售平台 Otto 為例，從北京上網連結，每一次點擊到回應費時二十一．三八五秒。通常，完成一筆交易至少要點首頁、找產品部門、看顏色、尋尺寸、寫地址、填付款資料、設定運送方式……，好歹要十次點擊才能完成交易。二十一．三八五秒乘上十，人在電腦螢幕前都抓狂了，通常沒有耐性這樣窮耗，完成交易的機率非常低。所以，大概不太會有中國人會去德國的 Otto 買東西。

但是，如果從紐約上網 Otto，每次點擊只要一．五一五秒。上網迅速，美國人到德國網站買東西的比例，就會比較大。附表中最誇張的就是法國平台 CDiscount，在北京平均點擊一次需要等六十一．八七秒螢幕才出現。我猜只有腦袋尚未開發的北京猿人，才會花六分多鐘去法國平台買東西。

整體而言，外國人上阿里巴巴買東西，很方便；中國人上任何外國網頁買東西，困難重重。有人曾經做過「對稱研究」，從法國巴

Country	Online Shopping Site	Accessibility		Response Time (sec.)	
		Beijing	New York	Beijing	New York
India	Flipkart	Completely Blocked	OK	-	-
Singapore	Qoo10	OK	OK	6.649	1.425
Indonesia	Snapdeal	Completely Blocked	OK	-	-
Japan	Rakuten	Partially Blocked	OK	31.189	2.568
Malaysia	Iazada	OK	OK	9.077	4.122
Germany	Otto	OK	OK	21.385	1.515
France	CDiscount	OK	OK	61.87	0.963
UK	ASOS	OK	OK	14.905	0.751
USA	Amazon	Partially Blocked	OK	14.572	5.339
	Ebay	Partially Blocked	OK	11.747	0.619
Taiwan	PChome	Completely Blocked	OK	-	-

附表：從中國、美國上各國購物平台點擊費時比較
資料來源：《今周刊》1059 期

黎、德國柏林、美國紐約等地方連結阿里巴巴，結果速度超快。由於網路是對稱的雙向道，所以絕對沒有一個方向慢，另一個方向快的道理。中國網路封鎖就是要檢查中國民眾有沒有連上別國網站購買「有毒商品」；它減少了中國人的向外購買，反而增加內需，穩固了阿里巴巴等網路業者的市場。

籠子裡的設計與保險

如前所述，中國網路操作的「牆壁」已經建好，在牆壁裡面，則是《經濟學人》所說的「網路籠子之內」。網路圍牆這麼高，外面的花花世界這麼誘人，要讓中國十四億人不想翻牆，最好的做法，就是在圍牆內建構足夠讓十四億人玩的網路活動。搜尋、社群、電玩、教學、電子商務、拍賣……，只要圍牆外面有的，裡面也都有，當然只是禁忌多一點。

因為搜尋、社群、電商等都是網路服務業，都有網絡經濟（network economy），它有報酬遞增（increasing return）的特質，一定會產生自然獨占、也一定會有經濟租（economic rent）。通常，市場越大，經濟租也越大。中國國內市場當然夠大，所以可以用來分配的利益也很大。這些經濟租，可以做為「配合政府網路管制政策」者的獎勵。

怎麼做呢？辦法很多：例如，將搜尋引擎行業列為特許，定期換照。順我者昌（准予延照），逆我者亡（不准延照）。像是百度，平常花了這麼多資源布建資料庫，哪一天若是被停照，那就虧死了。想當然耳，百度為了龐大利潤，要努力配合「黨的路線」。阿里巴巴又何嘗不然？這些中國境內的獨占網路企業，靠著國家的力量擠走了國外的競爭者，享受年復一年的經濟利潤，絕對是會服從黨的領導的。

當然，凡事不能只有一道保險。假設谷歌今天仍然在中國有營業，一切也都配合共產黨……。但是萬一哪天谷歌董事會改組，老闆換了，不配合老共了，那不是天翻地覆？為了雙重保險，網路事業的所有掌權者，一定要是中國共產黨的忠貞黨員。不止如此，所有中國的重要企業（不只是網路企業）裡，全部都設有「黨委書記」，監督企業經營、傳達黨的指令……。

馬雲是共產黨員，你驚訝嗎？

初稿記於二〇一九年二月二十二日

修訂於二〇一九年十二月

延伸閱讀

China invents the digital totalitarian state（2016.12）, *The Ecnomist.*

自由貿易之外，究竟該不該有「產業政策」？

傅利曼（Milton Friedman）是一九七六年諾貝爾經濟學獎得主，二〇〇六年去世。傅氏是經濟學界「芝加哥學派」的代表人物，主張小政府、少干預，盡量尊重市場機能。他辯才極佳，一九七〇至一九九〇年代痛陳凱因斯學派之弊，風靡全美各大學，使得芝加哥學派聲名大噪。他的自由經濟主張在 *Free to Choose*、*Capitalism and Freedom* 兩本書中有清楚的闡明，我也曾深受其影響。

大政府與小政府之辯

其實，許多人年輕的時候知識基礎還不厚實，不太有能力判斷學說是非；會不會被說服，多少繫之於對方的口才、文筆。傅氏文筆流暢，這是他推銷觀點的利器。但是小政府之利弊，往往要在關鍵時刻才能釐清，這需要機緣。

例如傅氏主張全募兵制，反對徵兵，理由是募兵制社會總成本較低，比徵兵制有效率。這個論述的缺點，要在布希以「發現大規模毀滅性武器」為由，打了一場不該打的仗，美國人民才覺醒募兵之弊。募兵兵源都是「機會成本低」的男士，絕大多數是社會邊緣人、社會弱勢，募來之兵不會募到「總統的姪子」、「參議員的孫子」。所以當伊拉克美軍陣亡屍袋一一運回的時候，社會不容易關注，也就不容易形成濫啟戰端政府的壓力。所以，一場耗費美國數兆美元、一事無成的伊拉克戰爭，就這樣一直打下去了。全募兵制有效率嗎？

「大政府／小政府」爭辯的另一個戰場，就是產業政策。台灣的大政府者主張政府要有產業政策、要像當年孫運璿扶植半導體產業那樣，養出台積電這樣的金雞母。主張小政府的則說「市場比政府官員知道產業之利基」，要尊重市場機制，只要市場自由、貿易開放，產業就自然蓬勃發展。這樣的爭辯太過生硬，讓我們輕鬆一點，從武俠小說談起。

氣宗與劍宗之爭

讀過金庸武俠小說的人都知道，他把華山派劍法分為氣宗與劍宗。氣宗著重以心行氣、以氣御劍，一切以內功為主，外功劍法稍微魯頓亦無妨，因為在渾厚內力支持之下，即便對手劍招刁鑽靈活一些，也討不到便宜。但是劍宗的邏輯不同：劍宗尋求招式劍法上的針對性突破，推其極至則輕鬆攻入對手破綻，不管對方有內功沒內功，都可克敵制勝。

先看主管台灣經濟的經濟部吧，它裡面有兩個最重要的局，一為國貿局，另一為工業局；其他單位或可視為這兩個主要局的衛星。國貿局由於負責經貿談判，在過去三十餘年從美國要求台灣開放市場，到台灣加入WTO，再到近年與新、紐簽FTA、與對岸簽ECFA，都是國貿局的業務。因為主業務是涉外談判，國貿局許多同仁長期與外交系統合作，他們最希望達成的任務就是自由化、國際化、廣簽FTA。這種「力求涉外貿易自由開放」的做法，非常像是劍宗。

但是工業局則不同。工業局與技術處的業務都是要發展台灣的工業實力，像是練氣、練內功。技術處補助科專研究、獎掖應用科技研發。工業局則承接產業科技，幫助其育成、找尋廠地，甚至對小成氣候的事業給一把助力，協助試營運、試量產等等。工業局的同仁大部分是工程、技術背景出身，與國貿局截然不同。例如，台灣當年要不要發展DRAM、要不要推動WiMAX，都屬於產業政策，都是氣宗工業局的業務。

氣宗劍宗各有優劣

華山派氣宗劍宗各有優劣。劍宗所練招式都清楚明白，容易上手，但是就怕遇到對手內力深厚，屆時取巧劍招極可能落得劍斷人傷；岳不群用內勁震斷令狐冲長劍的畫面，應該不難想像。氣宗內功雖然是一切劍法的根基，但是要練成內功非常不容易，除了吐納打坐等苦功，還得要有「慧根」、要有人傳授心法。若是無慧根、無心法，就算打坐吐納二十年，坐到痔瘡也坐不出什麼名堂。氣宗練得不得法，一上陣就會被劍宗刁鑽者在身上戳出十來個窟窿，當然也會被劍宗嘲笑。

如前所述，國貿局業務是廣簽FTA等協定，它像是劍宗；而工業局業務是幫助廠商厚實技術基礎，它像是氣宗。過去二十餘年，台灣一直在追求自由化國際化，都像是劍宗在發揮影響力。自蕭萬長始，許多首長都是國貿系統的劍宗出身。但是劍宗練劍畢竟是外家功夫，容易岔氣、容易因為外家姿勢詭異而傷到筋骨。

在經濟事務上亦然：整天想著外貿談判、簽FTA，經常會忽略了這些外功對自己國家弱勢者的傷害，也根本不會注意到簽FTA後的所得分配問題、產業調整問題。拳經上所謂「練拳不練功、到老一場空」的基本道理，劍宗少有體會。台灣若是不去厚植具有就業能量的產業實力，就算簽了一拖拉庫FTA，又有何用？不但如此，從二〇一四年太陽花學運到同年十一月底大選所反映的民間反彈，大致呈現出人民對劍宗一派的經濟政策根本沒有信心。

高科技產業須有產業政策的原因

熟悉近年經濟文獻的人都知道，高科技產業常有一個特徵：他們有報酬遞增特性，也可能有所謂網路外部性。有趣的是，有網路外部性商品的市場，充滿許多「無效率」：許多商品在技術上、功能上、品質上都比競爭對手強，但是只因為對手率先超越銷售門檻，就使品質較佳的產品敗下陣來。這樣殘酷的事實，誰也改變不了。換言之，「率先突破銷量門檻」具有策略最優先性，先得把這件事搞定，才能慮及其他。

有網路外部性最極端的例子，就是「規格」。例如通訊電子業的所謂4G或5G，他們的晶片都有規格。一旦規格上採用了高通的晶片，而該晶片又有專利，則五年十年之內高通就有幾兆元的保障利潤，別人難以染指。再如新藥，一旦某個化學合成取得FDA（美國食品藥物管理署）的許可，則這個新藥在許多國家就是「規格」，市場別無合法挑戰。

即使有其他晶片或其他化學合成其品質可能比先取得規格優勢的好，但是因為後來的晶片或藥品難以在市場上進行錯誤修正，而且市場上在已經有先行者的情況下，也不太有人願意去嘗試其他替代品，所以通常先行先贏，其網路效果（network effect）創造的優勢很難被取代。質言之，對於具有網路外部性的高科技產業，政府的產業政策是有學理依據的。氣宗的理論基礎，即在於此。傅利曼對此少有著墨，因為幾十年前，網路效果還沒有普遍呈現。

產業政策失敗，背後有「人」的因素

談到財經部會裡產業政策派、厚植實力派（氣宗）的沒落，當然也與學術界芝加哥鸚鵡的猖獗有關。這個學派常年的論調就是「市場萬能、企業比官員聰明；只要開放市場，經濟就會變好、活蹦亂跳的產業自然就會出現」。碰巧，最近十幾年負責產業政策的氣宗自己胡亂練功，在兩兆雙星、DRAM、Wi-MAX 三場戰役均因種種因素而慘敗，被芝加哥鸚鵡恥笑。於是主管工業政策的氣宗士氣衰頹，幾乎全面棄守產業政策。也因此，當某大官說台灣要邁向「創新經濟」的時候，財經官員只能推出一個笑掉大牙的「總統創新獎」，完全弄不清楚創新的實體環境該做些什麼規劃。

就功夫而言，其實劍宗、氣宗是要相輔相成的；在經濟事務上亦然。你看紐西蘭，花了那麼多力氣做奇異果的品種篩選，培養出那麼好吃那麼甜那麼快成熟的果子，接著修正育種、大量種植。這是標準的氣宗厚蘊內功。然後，紐西蘭透過廣簽ＦＴＡ，把他們的奇異果等農畜產品方便地賣出去，這是標準的劍宗破敵。

再看韓國，他們花了多少力氣培植現代、起亞、東大門成衣，這些都是增強產業基礎的氣宗內功。然後，他們與世界各國廣簽ＦＴＡ，當然是為了外銷這些產品，這是劍宗。即使三星產品多受ＩＴＡ保護，沒有ＦＴＡ問題，韓國照樣拚命厚植 DRAM 等產業實力，不拚劍招全拚內力，也把台灣、日本逼得難以喘息。

台灣呢？老實說，很難得看到一位懂得產業政策的財經官員。以往失敗的產業政策，或則是「科員奉命提出、長官只知聽簡報」的，或則是「由資通訊技術知識一流、但是完全不懂產業運作的蛋頭學者規劃」的，或則是「行政高層莫名其妙飆出來的口號」，或是「只懂計量方法不懂經濟的所謂經濟學家」規劃的。但是不論是哪一種，都是不入流的產業政策、不入流的功夫，沒有多久就被看破手腳。氣宗既然墮落，江湖上只剩下劍宗橫行，而台灣經濟，似乎就只剩下「簽ＦＴＡ」、「自由經濟示範區」這唯一藥方了。江湖沒落至此，夫復何言？

不求甚解的鸚鵡學派

二〇一四年，在蕭副總統的強力呼籲下，執政黨掀起了一波「努力加入TPP」的運動。拋開主導TPP背後的政治目的不論，如果台灣能夠加入成為會員，就等於是一次與十幾個國家簽署了FTA，這對台灣原本落後的FTA簽署，當然像是大補丸。

於是，馬總統先是二〇一四元旦致詞宣示此方向，然後由蕭副成立民間推動委員會，再在總統府約集府院官員與立委敲定細節，復由外交部召回駐各國大使交代任務。可惜，這些努力在二〇一四年三月學運之後全都打住。因為兩岸服貿卡住，引發民間對全球化的一些疑慮，當然也使台灣其他的FTA簽署進程受阻。蔡英文政府二〇一六年接任後也嘗試加入CPTPP，但是進展也有限。這就像是劍宗練劍岔了氣，只好停練休養。

簽FTA也好、加入自由貿易組織也好，都是要推動貿易自由化、國際化。要使台灣經濟自由化、國際化，是蔣經國總統晚期，由當時的行政院長俞國華所提出。推動這「二化」的核心理念，就是相信「面對國際市場競爭，有利於台灣找到發展方向」。這個理念是「市場機能比政府指導更有效率」的延伸，除了前述「報酬遞增」產業，原則上沒有錯。尤其在三十年前，台灣尚未解嚴且經濟管制甚多，政府老大哥無所不在，許多企業當時還少有國際競爭的歷練。在那個時候政府市場開放，是完全正確的方向。

開放不保證好——歐盟示例

但是到今天，台灣推二化已經推動近三十年。若問自由化國際化還是台灣「唯一」的藥方嗎？答案斬釘截鐵：不是！那麼退一步再問，這二化還是台灣當前「最重要」的藥方嗎？應該也不是，因為台灣的平均關稅已經不到一．五％，完全沒有貿易不自由的問題。那麼退兩步續問：為什麼那麼多政府官員還拚命在推自由化、國際化呢？那恐怕是因為他們在讀書時中了芝加哥學派的毒，整天像鸚鵡一樣複誦「尊重市場機能、尊重市場機能」，誤以為市場萬能、誤以為貫徹自由開放，經濟就一定會好。如果有人這樣想，那就表示他們書沒讀通，以為芝加哥那一套是天下唯一真理。

看看國外之例：君不見，歐盟諸國開放自由程度極高；如果二化真是靈丹妙藥，那麼義、法、西、葡、希諸國過去十年就不會有經濟不佳的慘狀。再看看台灣自己：目前除了兩岸人貨有諸多管制，我們究竟還有什麼不自由的市場？兩岸問題是該面對，但是那就是特殊的兩岸議題，與自由化不自由化、國際化不國際化無關。

也許做一個比喻，能幫助讀者了解：自由化國際化不能算是經濟政策，就像「放牛吃草」

不能算是教育政策一樣。有些人以為，自由化國際化、開放競爭，廠商就會找到他們最有利的方向，政府不必多做其他。他們主張：經濟政策應該要「產業中立」，政府只要開放市場，不必對產業大小眼。但這是不懂氣宗的鸚鵡學派最大的盲點，也是傅利曼學說的盲點。

初稿記於二〇一九年三月八日

修訂於二〇一九年十二月

延伸閱讀

Friedman, M. & Friedman, R. (1990). *Free to Choose: A Personal Statement*. Houghton Mifflin Harcourt.

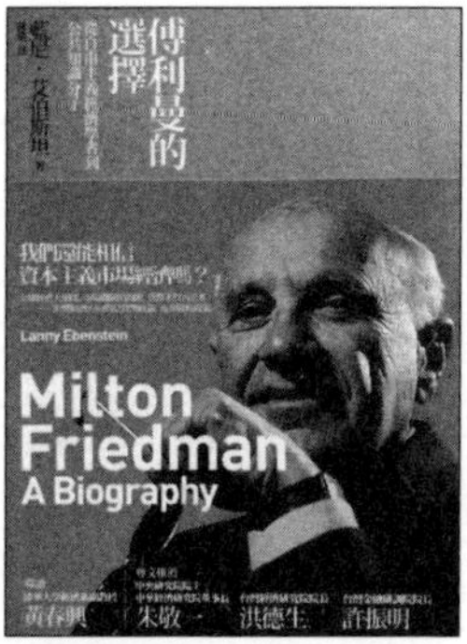

《傅利曼的選擇：從自由主義經濟學者到公共知識分子》，藍尼・艾伯斯坦（Lanny Ebenstein），財信，二〇〇八。

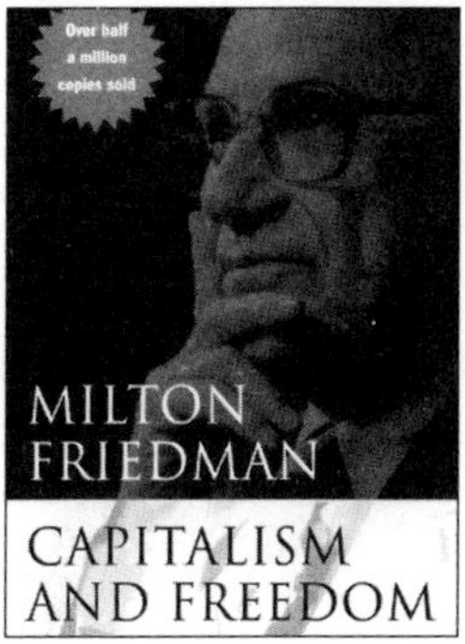

Friedman, M. (2009). *Capitalism and Freedom*. University of Chicago press.

全球化下的「異形」勞資關係

美國前勞工部長羅伯・瑞奇（Robert B. Reich）二〇〇七年寫了一本名為*Supercapitalism*的書，天下雜誌有翻譯本，名為《超極資本主義》。迄二〇一九年，這本書已經出版十二年，但是我認為其所提觀念不但沒有過時，甚至可以在其他面向予以延伸。

全球化扭曲了勞資關係

瑞奇認為，在全球化風潮下，資本主義的威力會大幅增強，而資方的力量也會不成比例地壓過勞方。瑞奇以美國私人部門勞工加入工會的人數占該部門總勞工人數之比例做觀察，發現該比例在一九四五年接近三分之一，但是到了二〇〇六年，比例降為不到百分之八。不但美國如此，歐洲、德國、日本、所有先進國家皆如此，只是程度不同而已。

工會是勞動階級為爭權益而成立的團體，負責與資方協商談判。勞工加入工會比例降低，表示工會的談判力降低，當然表示資本家的勢力抬頭。為什麼這個比例的改變與全球化有關呢？讀者由《世界是平的》一書所述當能想像，全球化之下各種勞務外包、廠址選擇、原料採買，都多了很多國際選項。若是沒有這些選項，資本家對於工會的種種要求就算不滿意也只能勉強吞下去。但是當國際選項變多之後，資本家大可以對勞方說：「我要遷廠去越南了，那裡的勞工較便宜。」一旦資方如此表態，勞工團體還有搞頭嗎？

全球化不但弱化各國國內的工會，其實也弱化了各國其他種種制衡資本家的力量。這裡最關鍵的因素就是：資本家是比較能全球移動的，但是勞工往往因為子女就學、語言溝通等因素而難以移動。於是，對資本家而言，「我能移往全球各地」在全球化下就成了他們的最大本錢。

以台灣最近幾年一系列的降稅而言，幾乎每一次資本家都就單一稅率與韓國、香港、新加坡比。租稅制度（尤其是累進稅）其實也是某種人民對資本家的制衡，由公權力對富人課稅，維繫社會的公平與協和運作。但是一旦資本家用「你不降稅我就把公司遷走」威脅政府，許多政治人物就讓步妥協，表面上是要把本國稅率「降到與香港相仿」，實質上卻是棄守了國家代表人民對善於全球移動的資本家的制衡。

不能對民眾說「利大於弊」，要著重分配

勞工與資本家之間的矛盾，是一個「分配」問題，不是一個效率問題。資本家老是強調「要把餅做大」，餅做大了你我都可以分到更多。但是勞工的邏輯不是如此。第一，他們認為，不管餅大餅小，都有分配的問題；勞工權益不是餅做大「之後」才有的議題。第二，歷史經驗顯示，資本家做大餅絕對是為了自己；勞工幫助資本家做大餅，不會自動得到好處。勞工權益是爭取來的，與餅大餅小無關。

二〇一四年三月爆發的「太陽花」學運，導火線當然是「服貿」。由於服貿是兩岸ECFA的一環，而ECFA又是台灣融入全球自由貿易的一環，因此學運反服貿的戰火，最後就延燒到全球化的議題。絕大多數的學者專家、民意代表，不分藍綠都認為台灣難以迴避全球化，但這當然不表示我們對全球化就要採取「無條件擁抱」的態度。這裡面值得探討的問題不少，也有一些與勞工權益有關的觀念要釐清。

基本的經濟學教科書告訴我們：在完全競爭的環境中，自由市場能夠提升經濟效率。把這個論述應用到國際貿易的框架，其結論就是：各國降低關稅壁壘、促成貿易自由，能夠提升彼此經濟效率。台灣之所以擔心FTA簽署拚不過韓國，之所以想要趕緊通過服貿、貨貿等已

經走到一半的開放自由貿易協定，當然就是希望簽署之後能與各國公平競爭，提高廠商的競爭力，也進而改善整體的經濟效率。這一方面的立意，是可以理解的。

但是「自由市場提升效率」的論述，其實有另一個面向的解讀。兩位諾貝爾獎得主 J. Stiglitz 與 P. Krugman 最近幾年在一系列專著中，均痛陳不少國際自由貿易的弊端。這些大學者的反對論點很多，與以上討論相關的有兩個方向。第一，提升效率與改善公平是兩個平行議題。當台灣官員說簽某個協定「利大於弊」時，其實根本沒有回答受損抗爭者的問題。提升效率的定義就是指整體利大於弊，而這背後就必然有人受損有人獲利。若是向受損的某甲說：「某乙所獲之利大於你的損失」，這種利大於弊的陳述大概只會令某甲更是火大。兩岸市場開放或者台灣走向國際，都是資本家的期待，卻是台灣勞工的夢魘。總體利益是否利大於弊，並非勞工關心的議題。

全球化下，要避免異形資本主義之害

第二，自由競爭的市場雖然確能提升效率，但是國際貿易市場卻從來就不是自由競爭市場。不但老美最擅長在貿易談判中逼迫對手開放美牛、美豬進口，甚至在貿易磋商的議程設定上，往往都是強權國說了算。總之，走向自由貿易的「過程」，是對強權國比較有利的。這與

十八、十九世紀「資本主義與帝國主義的結合」，若合符節。當年帝國主義如何傷害勞工或農民，今天就可能再度發生。

自由貿易提升經濟效率的論點其實卑之無甚高論，而正確的解讀應該是：既然全球化台灣難以避免，而它的遊戲規則又難免如 Stiglitz 所言，可能因為強權國操作而傷害我們的勞工、弱勢者，那麼政府該如何未雨綢繆以為因應，或是如何在開放與不開放的品項取捨中得到最大的利益？這裡所謂的利益不是總利益一個數字，而包括了分配！

在資本主義興起的兩百多年時間裡，勞工往往是被資本家壓迫的對象。資本可以跨國移動、資本家可以與政府高官眉來眼去、資本家對勞工條件有壟斷能力，但是勞工卻完全沒有資本家的這些條件。為了要系統性地對抗資本家可能的以強凌弱，各國紛紛做出兩方面的制度調整。

各國對勞工的制度性保障

其一，是由國家制定「勞動基準法」，定下資方必須要對勞工提供的「基本條件」訂出規範，例如薪資最少要多少？工時最長是多長？最長工作多久必須要間斷休息？每年必須有幾天休假等。其二，是容許勞工成立工會。工會，就是把勞工分散凌亂的狀態組織化，形成一個勞動供給者的獨占賣方，以對抗資本家具有獨占力的買方。雖然資本家所經營的廠商未必是獨占者，勞工確實可以跳槽他就，但是大部分勞工大概都不喜歡跳槽，還是要集中力量與現有的雇主周旋。

當工會與雇主周旋時，有一種可能就是協商「破局」，如此就有可能演變成「罷工」。規範工會與雇主之間周旋的是另一部重要的法律，叫做「勞資爭議處理法」。

我必須要強調：勞基法與勞資爭議處理法，都要放在西方資本主義的背景下看，才比較能夠清楚理解。華人歷史上有許多地主／佃農的糾紛，也有高利貸紛爭，所以我們會出現「三七五減租」、民法二〇五條最高利率不超過二十%的規定。傳統華人社會勞資糾紛較少，所以大家對於工會及勞動基準法的理解稍微模糊了些。

如前所述，勞動基準法是設定勞動條件的「最低」標準，例如最低工資、最高工時等。在最低工資之上，可以由勞動市場決定極高的工資，台灣在這一方面彈性是足夠的。各行各業的實際工資是由各行業的供給與需求決定，與最低工資完全沒有關係。台灣社會如果「平均」薪資低，那應該是產業結構、勞動供需的問題，不是勞工權益的問題。但是社會上總是有些政客，誤以為可以透過調整最低工資，把社會的「平均」薪資拉起來，這是嚴重的誤解。

工時的爭議比最低工資還要大

至於「工時」，台灣的爭議更大。二〇一七至一八兩年之間台灣為了「一例一休」議題而在立法院掀起不小的風波。台灣實施每週四十小時工時、週休二日，已經行有年矣，這些規定既是「最低」的保障，也有「平均」的概念。但是給定每週平均工時四十小時，政府也必須要容許三種彈性：（一）勞工可以加班超工時，但是必須要支付加班費；（二）工時未必要每週計算，偶爾一週辛苦一點，只要前後週補回來就可以；（三）有些工作是責任制，多久完成沒有公式，強定工時沒有道理。

可是，一旦政府提供上述彈性，就偶爾會有廠商鑽漏洞，侵犯勞工權益。於是政府就再訂下種種規定，試圖堵住這些漏洞。久而久之，一個四處防弊的法律，卻也必然是窒礙難行的法律；它不但未必能有效保障勞工權益，也使有良心的業主綁手綁腳，更連想要加班多賺點錢的勞工也怨聲載道。

我們要再強調一個前文已經提及的觀念：勞動基準法保障的是勞工條件的「最低標準」，是低於它就絕對不能夠接受的勞工「權利」（rights）。像是勞基法第四章十幾個條文密密麻麻規範的勞工工時條件與例外，早就使該法失去了保障權利的意義，恐怕需要做徹底的檢討。

罷工通常是爭「利益」而非「權利」

至於罷工，則是「勞資爭議」常見的手段之一。勞資爭議所爭取的未必是基本權利，而是「利益」。爭利益既然與「權利」無關，就無所謂誰對誰錯。罷工雖然在歐美國家習以為常，台灣社會最近是被華航空服員與機師兩次罷工震撼，才稍微有些體驗。一般的罷工，是勞工以暫停履行勞動契約的方法，逼迫資方面對利益的損失。

罷工顯然同時傷害資方與勞方，因此並不是一個有效率的爭議解決方式。但是我們在資訊經濟學的討論中發現：只要勞資雙方有些資訊不對稱，雙方就可能產生沒有效率的均衡。例如，當勞方不確知資方的底線時，透過罷工才能確知資方的「痛苦參數」。所以罷工的時間拖越久，呈現出資方越能承擔忍受痛苦。勞資雙方有時候要經過這樣的折騰，才能逼出一個談判的結果。

但是，就華航罷工案而言，華航並非正港的民營企業，故真正的資方其實是政府。而航空運輸又是公共服務業，其罷工衝擊不只是企業本身利益，也旁及幾百萬旅客。所以華航罷工事件，能夠給我們的啟發比較小。全球化下的異形資本主義，與台灣的工運與罷工，都關聯殊少。

初稿記於二〇一九年三月九日

修訂於二〇一九年十二月二十六日

延伸閱讀

《超極資本主義：透視中產階級消失的真相》，羅伯・瑞奇，天下雜誌，二〇〇八。

文學叢書 628

INK PUBLISHING

牧羊人讀書筆記

作　　者　朱敬一
圖片提供　朱敬一
總 編 輯　初安民
責任編輯　陳健瑜
美術編輯　黃昶憲
校　　對　吳美滿　陳健瑜　朱敬一

發 行 人　張書銘
出　　版　INK 印刻文學生活雜誌出版股份有限公司
新北市中和區建一路249號8樓
電話：02-22281626
傳真：02-22281598
e-mail：ink.book@msa.hinet.net
網　　址　舒讀網http://www.inksudu.com.tw

法律顧問　巨鼎博達法律事務所
施竣中律師
總 代 理　成陽出版股份有限公司
電話：03-3589000（代表號）
傳真：03-3556521
郵政劃撥　19785090　印刻文學生活雜誌出版股份有限公司
印　　刷　海王印刷事業股份有限公司

港澳總經銷　泛華發行代理有限公司
地　　址　香港新界將軍澳工業邨駿昌街7號2樓
電　　話　852-27982220
傳　　真　852-27965471
網　　址　www.gccd.com.hk

出版日期　2020年 5 月　初版
2022年 3 月 25 日　初版四刷
ISBN　978-986-387-339-6
定　價　350元

國家圖書館出版品預行編目資料

牧羊人讀書筆記／朱敬一著
--初版, --新北市中和區：INK印刻文學,
2020.5　面；　公分.（文學叢書；628）
ISBN 978-986-387-339-6　（平裝）
1.言論集
078　109005035